Astrid Jahns

Alles über FARBEN

Eine Werkstatt

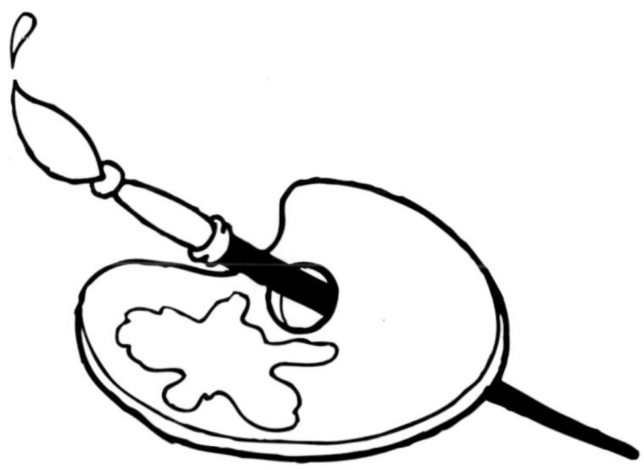

Nach der neuesten Fassung der Rechtschreibregeln – gültig ab August 2006!

Verlag an der Ruhr

Impressum

Titel: **Alles über Farben**
Eine Werkstatt

Autorin: Astrid Jahns

Illustrationen: Eva Spanjardt u.a.

Druck: Druckerei Uwe Nolte, Iserlohn

Verlag: **Verlag an der Ruhr**
Alexanderstraße 54 – 45472 Mülheim an der Ruhr
Postfach 10 22 51 – 45422 Mülheim an der Ruhr
Tel.: 02 08/439 54 50 – Fax: 0208/439 54 39
E-Mail: info@verlagruhr.de
www.verlagruhr.de

ISBN 10: 3-8346-0085-7 (bis 12/2006)
ISBN 13: 978-3-8346-0085-1 (ab 2007)

geeignet für die Klasse 1 2 3 4 5

Diese Werkstatt widme ich meinem Sohn Paul.

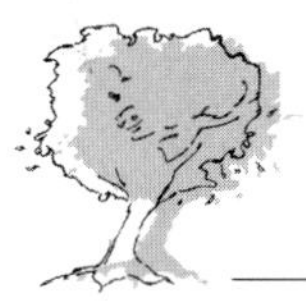

Ein weiterer Beitrag zum Umweltschutz:

*Das Papier, auf das dieser Titel gedruckt ist, hat ca. **50% Altpapieranteil,** der Rest sind **chlorfrei** gebleichte Primärfasern.*

Die Schreibweise der Texte folgt der neuesten Fassung der Rechtschreibregeln – gültig ab August 2006.

Inhaltsverzeichnis

Vorwort

Diese Werkstatt soll Kindern helfen, ein Gefühl für Farben und deren Wirkung zu entwickeln. So erproben sie bei den verschiedenen Angeboten nicht nur den **Umgang mit Farben**, sondern machen sich auch die **Bedeutung von Farben** für Mensch und Natur bewusst.
Die Schüler* bekommen einen Einblick in die Welt der Farben und in das, was man alles mit ihnen machen kann: Malen, Gestalten, Täuschen, Zeichen setzen usw. So bieten die Angebote den Schülern die Möglichkeit, mit unterschiedlichen Farben und Materialien zu experimentieren. Sie setzen Farbe bewusst ein, kombinieren verschiedene Farbtöne und überprüfen deren Wirkung.
Ein besonderer Schwerpunkt dieser Werkstatt ist die **Wirkung der Farben**. Welche Farbtricks wenden Pflanzen und Tiere an? Welche Tricks haben wir Menschen der Natur abgeschaut? Die Wirkung der Farben wird den Kindern durch **einfache Experimente** bewusst. Dabei erproben sie nicht nur die Wirkung auf den Sehsinn, sondern erleben Farben mit allen Sinnen. Außerdem schauen sie bekannten Künstlern wie Vincent van Gogh, Georges Seurat, Jackson Pollock und Yves Klein über die Schulter. Spielerisch erproben sie deren **besondere Techniken** im Umgang mit Farbe.

Hinweise zur Arbeit mit der Werkstatt

Differenzierung der Angebote

Die Werkstatt ist für das **1.–4. Schuljahr** konzipiert. Die Angebote sind daher in **zwei Schwierigkeitsgrade** unterteilt. Es gibt zum einen leichte Angebote, die bereits Erstklässler bearbeiten können. Natürlich können sie aber auch im dritten und vierten Schuljahr eingesetzt werden.
Diese Angebote sind mit folgendem Symbol gekennzeichnet:

* Aus Gründen der besseren Lesbarkeit haben wir in dieser Mappe durchgehend die männliche Form verwendet. Natürlich sind damit auch immer Frauen und Mädchen gemeint, also Lehrerinnen, Schülerinnen etc.

Befinden sich Ihre Erstklässler noch im ersten Halbjahr, sollten Sie die Kinder bei der Bearbeitung der Angebote unterstützen, indem Sie die Arbeitsaufträge vorlesen oder die Angebote gegebenenfalls im Klassenverband bearbeiten. Leseschwache Schüler in höheren Klassen können lesestärkere Mitschüler bitten, sie beim Lesen des Arbeitsauftrags zu unterstützen. Zum anderen gibt es anspruchvollere Angebote, die sich in der Regel erst für das dritte und vierte Schuljahr eignen.
Sie erkennen diese an folgendem Symbol:

Diese Differenzierung soll allerdings nur als **Orientierung** dienen. Sicherlich gibt es z.B. auch einige starke Zweitklässler, die diese Angebote schon selbstständig bearbeiten können.

Bedeutung der Symbole auf den Arbeitsblättern:

Dieses Symbol weist auf den genauen Arbeitsauftrag hin.

Info — Dieses Symbol kennzeichnet einen Infotext, der zu einer Aufgabenstellung führt.

Präsentieren Sie den Kindern die Angebote und das benötigte Material in Ablagekörbchen. Die Werkstatt sollte den Schülern jederzeit im Klassenraum verfügbar sein, um ihnen freies Arbeiten zu ermöglichen.
Gliedern Sie die Werkstattstunden in eine **Einstimmungsphase**, eine **Abschlussrunde im Sitzkreis** sowie eine dazwischenliegende **Arbeitsphase**, in der die Kinder selbstständig die Angebote bearbeiten. Einstimmungsphase und Abschlussrunde geben den Schülern die Möglichkeit, sich zu ihren Erwartungen, Problemen und Erfahrungen mit der Werkstatt zu äußern. So bekommen Sie als Lehrer ein Feedback über die Werkstattarbeit.
Bei der Bearbeitung der Angebote bietet sich das **Experten-Prinzip** an. Jedes Kind sucht sich zu Beginn der Werkstattarbeit ein Angebot aus, für das es Experte sein möchte. Seine Aufgabe ist es, anderen Kindern bei diesem speziellen Angebot Fragen zu beantworten oder bei Problemen zu helfen. Dafür muss es das Angebot natürlich selbst gut beherrschen.

Vorwort

Arbeits-Pass

Jedes Kind bekommt einen **Arbeits-Pass** (Blanko-Vorlage auf S. 10). Tragen Sie alle Angebote, die Sie der Klasse zur Verfügung stellen wollen, auf dem Arbeits-Pass ein und kopieren Sie ihn für jedes Kind. Dann markieren Sie für jedes Kind (je nach Leistungsstärke) unterschiedliche Pflichtangebote. Jedes Kind vermerkt in seinem Arbeits-Pass, welches Angebot es bereits bearbeitet hat. Im ersten Schuljahr ist es angemessen, dass Sie als Lehrer dies übernehmen. Zusätzlich lassen die Kinder die bearbeiteten Angebote von Ihnen kontrollieren und durch Ihre Unterschrift bestätigen.

Materialien

Die Schüler benötigen für die meisten Angebote einen normalen Deckfarbkasten mit 12 Farben, mindestens einen (mittelstarken) Pinsel und Wasser. Auch ein (möglichst kleiner und großer) Zeichenblock sowie Kleber und Schere sollten immer bereitliegen. Außerdem werden des Öfteren Verpackungsmaterialien, unterschiedliche Papiersorten, Stoffreste usw. benötigt. Von diesen Materialien sollten Sie daher einen kleinen „Vorrat“ in der Klasse anlegen.

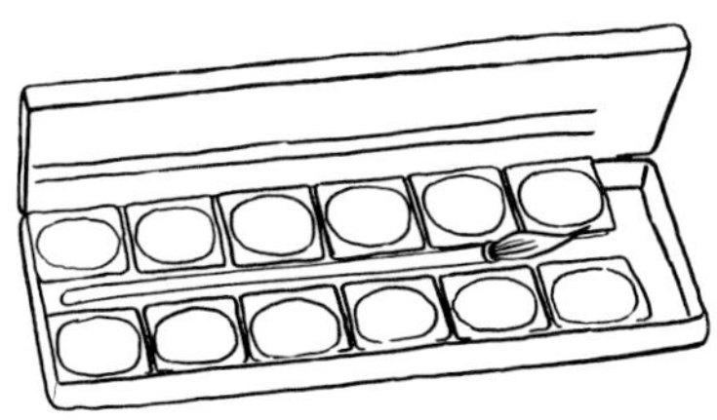

Hintergrundinformationen zu den Angeboten

Was sind Farben?

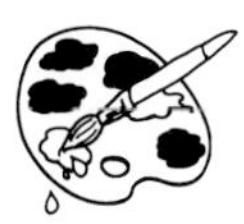

▶▶ Farben in der Steinzeit

In der Steinzeit gab es noch keine Möglichkeit, Farben und Malutensilien zu kaufen. Daher mussten die Menschen ihre Farben selbst suchen und herstellen. Es ist nicht nur wichtig, sondern auch interessant für Kinder, zu erfahren, wie die Menschen früher gemalt haben.

▶▶ Farbkreis

Das Anliegen, Farben in ein Ordnungssystem zu gliedern, ist seit Urzeiten vorhanden. So wurden die unterschiedlichsten Systeme entwickelt, wie z.B.: Würfel, Kreis oder Pyramide. Hierbei hat sich die Kreisform bis in die heutige Zeit durchgesetzt.
Ein häufig verwendetes Farbkreismodell ist das von Johannes Itten. Der Farbkreis ist plausibel und einfach zu verstehen und wird auch in dieser Werkstatt verwendet. Itten geht von drei Grundfarben aus: Rot, Blau und Gelb. (Magenta-)Rot, Gelb und (Cyan-)Blau sind die drei **Grundfarben**, auch Primärfarben oder Farben erster Ordnung genannt. Die Grundfarben können durch Mischen nicht hergestellt werden. Diese drei Farben sowie Schwarz werden beim Druck verwendet. Aus ihnen werden die Farben der zweiten Ordnung hergestellt **(Sekundärfarben)** = Grün, Orange und Violett. Mischt man Primärfarben und Sekundärfarben untereinander, erhält man die Farben der dritten Ordnung **(Tertiärfarben)** = Gelborange, Rotorange, Rotviolett, Blauviolett, Blaugrün und Gelbgrün.
Das Farbdreieck der Grundfarben wird erst auf den sechsteiligen, dann auf den zwölfteiligen Farbkreis erweitert (natürlich kann es beliebig vergrößert werden). Dieser umfasst alle Farben der ersten, zweiten und dritten Ordnung. Am Farbkreis können Sie die Farbenlehre verdeutlichen. Mischvorgänge sind klar ersichtlich: Orange liegt z.B. zwischen Gelb und Rot, den Farben, aus denen es gemischt wird. Die kalten und warmen, hellen und dunklen, sowie die Komplementärfarben liegen sich im Farbkreis gegenüber.

▶▶ Farbkasten

In einem Farbkasten befinden sich mehrere Töne einer Farbe. Der Farbton wirkt sich auf das Mischergebnis aus. Es gibt Cyanblau und Ultramarinblau, Zinnoberrot und Magentarot. Beim Mischen ist es wichtig, darauf zu achten, welcher Blau- oder welcher Rot-Ton verwendet wird. Im Rot befinden sich Gelbanteile. Wird Zinnoberrot nun mit Ultramarinblau zu einem Violett-Ton gemischt, ist das Ergebnis ein dumpfer Violett-Ton, während er bei Cyanblau und Magentarot klar und leuchtend ist. Es ist in jedem Fall ratsam und interessant für Kinder, die verschiedenen Mischvorgänge auszuprobieren, denn nur so erhalten sie ein Gespür für die einzelnen Farbtöne.

Vorwort

Farben werden gemischt

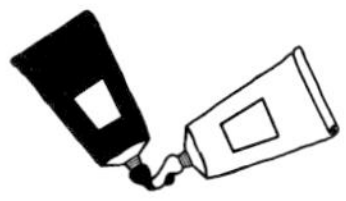

▸▸ Pointillismus

Pointillismus ist eine Kunstrichtung, die im Anschluss an den Impressionismus um 1885 unter anderem von dem französischen Maler Georges Seurat begründet wurde. Die Pointillisten entwickelten eine interessante Technik, um ihre Farben zu mischen. Sie reduzierten die Strichtechnik der Impressionisten sozusagen auf den Punkt. Dabei setzten die Maler ihre Farben Punkt für Punkt nebeneinander. So vermischen sich bei entfernter Betrachtung die einzelnen farbigen Punkte zu den verschiedensten Farbtönen. Der Mischprozess findet dabei nicht real, sondern nur optisch statt.

Bildbetrachtung aus dem Anhang:
„Ein Sonntagnachmittag auf der Insel La Grande Jatte " (1884–86) von Georges Seurat (s. S. 66).

▸▸ Farbige Grau-Töne

Es gibt unzählige verschiedene Grau-Töne. Ein neutrales Grau wirkt charakterlos. Allerdings kann es sehr leicht durch andere Farben beeinflusst werden. Erst durch seine Nachbarfarbe wirkt es lebendig. Es ist üblich, einen Grau-Ton aus Schwarz und Weiß zu mischen. Die Impressionisten haben herausgefunden, dass sie mit Hilfe der Komplementärfarben Grau-Töne erzielen konnten. Der Vorteil bei dieser Mischtechnik ist, dass die Grau-Töne farbig sind. Um z.B. den Schatten eines roten Hauses zu malen, mischten sie Rot und Grün miteinander und erhielten so, je nach Mischverhältnis, einen rötlichen oder grünlichen Grau-Ton.

Farben selbst herstellen

Malfarben bestehen aus Pigmenten, einem Bindemittel und einem Lösungsmittel. Das Bindemittel ist nötig, um die feinen Farbpigmente zu einer streichfähigen Masse zu verbinden. Um die Farbe wieder flüssig zu bekommen, wird das Lösungsmittel benötigt. Die Menge des Lösungsmittels ist davon abhängig, wie flüssig die Farbe sein soll.
Bei der Marmoriertechnik wird Ölfarbe verwendet und auf eine Wasseroberfläche gegeben. Die Farbe vermengt sich nicht mit dem Wasser. Deshalb bleiben die entstandenen Muster auf dem Papier erhalten. Ölfarben gehören zu den Deckfarben, da sie einen Untergrund abdecken. Im Gegensatz dazu überziehen Lasuren den Grund nur leicht mit Farbe. Auch Pflanzenfarben lassen durch ihre flüssige Konsistenz den Grund stark durchscheinen. Sie werden daher zum Färben von Stoffen verwendet.

Farben wahrnehmen und fühlen

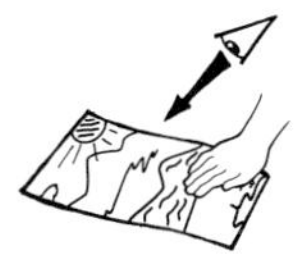

▸▸ Lieblingsfarben

Wir assoziieren Farben meist unbewusst mit Erfahrungen. Farben werden als angenehm oder unangenehm empfunden, da wir eine bestimmte Situation oder Stimmung mit ihnen in Verbindung bringen. Die Lieblingsfarbe bei Kindern wechselt daher häufig. Grün wird als angenehm empfunden, es ist naturnah und wirkt beruhigend. Rot dagegen wirkt oft dominant und aufregend.

Farbkarten: Jedes Kind malt eine Karte in seiner Lieblingsfarbe an. Variante: Auch kann ein Fragebogen zum Ankreuzen verteilt werden, um die Lieblingsfarben der Kinder zu ermitteln. Die Kinder kreuzen ihre Lieblingsfarbe sowie ihre unbeliebteste Farbe an. Werten Sie den Fragebogen bzw. die Farbkärtchen hinterher aus und hängen Sie das Ergebnis auf.

Um Farben richtig wahrzunehmen, sollten alle Sinne eingesetzt werden. Farben können nicht nur durch Sehen, sondern auch durch Tasten, Hören, Schmecken und Riechen wahrgenommen werden. Einige Künstler, wie Paul Klee oder Wassily Kandinsky, haben zu Musik gemalt. Dadurch können nicht nur Farben Gefühle erzeugen, sondern auch umgekehrt. Jeder von uns hat ein Spektrum von inneren Farben, die er – je nach Gemütszustand – nach außen kehren kann. Dies tun wir z B. über die Wahl unserer Kleidung oder über die Malerei. Es ist wichtig, Kindern diese Möglichkeit bewusst zu machen.

Anschauungsbeispiel:
„Komposition VII" (1913) von Wassily Kandinsky (Info s. Literaturhinweise, S. 68).

Vorwort

So wirken Farben

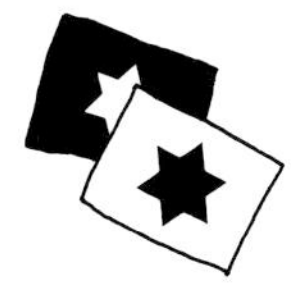

Farbe und Zeichen

Wir Menschen haben uns die Signalfarben aus der Natur abgeguckt (vgl. Kapitel „Farbtricks der Natur“, S. 53 ff.). Sie haben die Funktion, uns auf etwas hinzuweisen, vor etwas zu warnen oder etwas zu verbieten. Farbsignale werden vor allem eingesetzt, wenn Botschaften oder Anweisungen schnell übermittelt und erfasst werden müssen. Im Straßenverkehr ist dies von besonderer Bedeutung. Rot heißt: „aufpassen“, während Grün „Zugang“ signalisiert. Ein Unterrichtsgang durch die Umgebung der Schule bietet sich an, damit die Schüler die Bedeutung der einzelnen Farben erfassen und später ausarbeiten können. Dabei können sie zwischen den Farben der Natur und den Farben der „künstlichen Umgebung“ (z.B. auf Verkehrsschildern) vergleichen.

Kontrast

Bei einem Kontrast (= starker Gegensatz) handelt es sich um die Wechselwirkung verschiedener Farbkombinationen. Hierbei werden gegensätzliche Farbtöne zusammengeführt. Der Kontrast setzt aber immer einen Bezug der einzelnen Farben voraus. Es ist daher ratsam, den Schülern zunächst deutlich zu machen, was ein Gegensatz ist und welche Farben bzw. Dinge und Eigenschaften im Bezug zueinander stehen. Ein Haus wirkt gegenüber einer Hütte groß. Steht es aber neben einem Hochhaus, wirkt es klein. Farbwirkungen werden innerhalb der verschiedenen Kontraste gesteigert oder abgeschwächt. Bei einem Kalt-Warm-Kontrast wirkt eine warme Farbe noch wärmer, wenn sie neben einer kalten Farbe steht. In der Malerei werden Farbkontraste eingesetzt, um die Wirkung der Farben zu steigern. Im Farbkreis liegen sich die gegensätzlichen Farben immer gegenüber. Daher sollte er zur Anschauung verwendet werden.

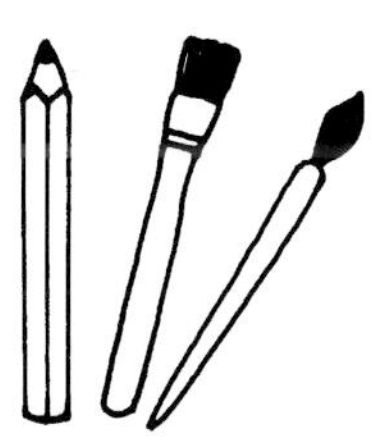

a) Hell-Dunkel-Kontrast

Hell und Dunkel stehen für Nacht und Tag, Licht und Finsternis usw. Unter einem Hell-Dunkel-Kontrast versteht man zum einen die Wechselwirkung von Schwarz, Weiß und den dazwischenliegenden Grau-Tönen, zum anderen die Wechselwirkung zwischen den bunten Farben. Schwarz und Weiß bilden den stärksten Hell-Dunkel-Kontrast. Im Farbkreis ist Gelb die hellste und Violett die dunkelste Farbe.

Anschauungsbeispiel:
„Der Zeichner am Fenster“ (1909) von Paul Klee (Info s. Literaturhinweise, S. 68).

b) Kalt-Warm-Kontrast

Temperaturunterschiede werden durch Farben stark beeinflusst. Derselbe Raum wurde zunächst blaugrün und anschließend rotorange gestrichen. Testpersonen empfanden den Raum in Rotorange um bis zu 4° C wärmer als zu dem Zeitpunkt, als er blaugrün gestrichen war. Blau steht für viele Menschen für Wasser und Kälte und wirkt ruhig und passiv. Rot hingegen sehen viele in Verbindung mit Feuer und Hitze und wirkt laut und aktiv. Kalte und warme Farben beeinflussen die Perspektive. Warme Töne scheinen auf den Betrachter hinzuzukommen, während sich kalte Töne entfernen. Den stärksten Kalt-Warm-Pol bilden Blaugrün und Rotorange zueinander. Die Farben auf der rechten Seite des Farbkreises zählen zu den warmen Tönen, die auf der linken Seite zu den kalten. Gelb wird im Allgemeinen als warmer Farbton empfunden. Doch kann er sich, mit Blau oder Grün kombiniert oder hinzugemischt, zu einem kühlen Ton wandeln.

Farbkarten: Jedes Kind malt eine Farbkarte in einer gewählten Farbe an. Die Farbkarten werden in der Klasse diskutiert und zu einem kalten und einem warmen „Temperaturkreis“ gelegt.

Anschauungsbeispiel:
„Kalota MC“ (1967) von Victor Vasarely (Info s. Literaturhinweise, S. 68).

c) Komplementärkontrast
Komplementärfarben können sich gegenseitig bis zur äußersten Leuchtkraft steigern. Was dazu führt, dass ein Bild, das in Komplementärfarben gemalt wurde, unser Auge stark beansprucht. Es leuchtet und flimmert. Werden die jeweiligen Komplementärpaare zu gleichen Teilen vermischt, entsteht ein neutrales Grau. Komplementärfarben sind völlig entgegengesetzt. Das, was der einen Farbe fehlt, wird von der anderen ausgeglichen. Die Komplementärfarben liegen sich im Farbkreis gegenüber.

Anschauungsbeispiel:
„Die Musik“ (1939) von Henri Matisse (Info s. Literaturhinweise, S. 68).

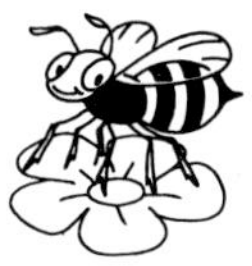

Farbtricks der Natur

In der Tierwelt sind die Farben unterschiedlich verteilt. Manche Tiere prunken mit ihrem prächtigen Farbkleid, andere hingegen sind an die Farbe der Umgebung angepasst und dementsprechend eher gräulich oder bräunlich gefärbt. Farben können also Signal-, Schutz- und Tarnfunktion haben. Die Kombination von Gelb und Schwarz, z.B. bei der Wespe oder dem Tiger, wirken abschreckend.

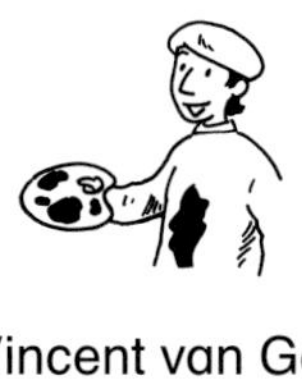

Künstler und Farbe

▸▸ Vincent van Gogh
Der holländische Maler Vincent van Gogh (1853–1890) interessierte sich stark für Farben und Farbwirkungen. Da er ein sehr einsamer Mensch war, spiegelt sich dies auch in seinen Werken wieder. Ihm war es wichtig, seinen Gefühlen Ausdruck zu verleihen. Er trug die Farben sehr exzessiv auf die Leinwand auf. Zusätzlich konnte er durch seine Farbkombinationen eine sehr eigene Farbwirkung und somit Stimmung erzielen. Van Goghs Farbauftrag zeigt beispielhaft, wie stark Farben bzw. Farbauftrag wirken können.

Bildbetrachtung aus dem Anhang:
„Getreidefeld mit Zypressen“ (1889) von Vincent van Gogh (s. S. 67).

▸▸ Yves Klein
Der französische Maler Yves Klein (1928–1962) wählte für einen Großteil seiner Werke seine Lieblingsfarbe Ultramarinblau. Durch unterschiedliche Strukturen variierte er die Untergründe. Das Ultramarinblau entwickelte Klein eigens für seine Bedürfnisse. Nach einem Jahr war er fertig und nannte das Ergebnis: „Internationales Klein Blau“ („IKB“). Klein hat gezeigt, dass auch eine einzige Farbe eine außergewöhnliche Wirkung erzielen kann.

Bildbetrachtung aus dem Anhang:
„Blue sponge relief (RE 19)“ (1958) von Yves Klein (s. S. 67).

▸▸ Expressionismus
Die Kunstrichtung entwickelte sich um 1905 in Deutschland. Die Expressionisten verwendeten die Farben nach Gefühl und nicht wirklichkeitsgetreu. Sie malten meist mit Primär- und Sekundärfarben sowie Schwarz. Mit diesen Farben schufen sie kontrastreiche Bilder. Die Bilder der Expressionisten wirken meist sehr eigenartig und melancholisch. Dies liegt an den Bildthemen und der Farbzusammenstellung.

Anhang

Im Anhang befinden sich fünf Abbildungen, die in den Unterricht als Anschauungsbeispiele mit eingebracht werden können.

1. Zwölfteiliger Farbkreis (s. S. 65).
2. „Ein Sonntagnachmittag auf der Insel La Grande Jatte“ (1884–86) von Georges Seurat (s. S. 66).
3. „Getreidefeld mit Zypressen“ (1889) von Vincent van Gogh (s. S. 67).
4. „Blue sponge relief (RE 19)“ (1958) von Yves Klein (s. S. 67).

Möglichkeiten zur Verwendung der Abbildungen finden Sie in den Hintergrundinformationen zu den Angeboten.

Werkstatt begleitende Aktivitäten

Farbkarten

Es empfiehlt sich, zu Beginn der Werkstattarbeit gemeinsam mit den Schülern für jede Farbe im Farbkreis ein Farbkärtchen zu erstellen. Die Kärtchen können beispielsweise zu Beginn der Stunde eingesetzt werden, damit die Schüler ihre momentane Stimmung oder das Wetter mit Farben ausdrücken können. Weitere Möglichkeiten für die Verwendung der Farbkarten finden Sie bei den Hintergrundinformationen zu den Angeboten.

▸▸ Spielideen

Es gibt unterschiedliche Spielideen zum Thema Farbe, die den Unterricht auflockern. So können Sie zusätzlich zur Werkstattarbeit dazu beitragen, dass die Kinder ein besseres Bewusstsein von den Farben in ihrer Umgebung entwickeln.

„Ich sehe was, was du nicht siehst!“
Dieses Spiel ist vermutlich den meisten Kindern bekannt und eignet sich gut als Einstieg in das Thema Farben.

Spielverlauf: *Ein Spieler sucht sich, ohne es zu verraten, etwas Farbiges in seiner Umgebung aus – ein Stück weiße Kreide, einen grünen Stift, den roten Vorhang usw. und gibt seinen Schülern die Information: „Ich sehe was, was ihr nicht seht, und das ist grün.“ Die Mitschüler versuchen nun, den gemeinten Gegenstand zu finden und nennen verschiedene grüne Gegenstände.*

„Fischer, Fischer, welche Fahne weht heute?“
Hier wird den Schülern bewusst, wer welche Farben bevorzugt.

Spielverlauf: *Für dieses Spiel wird etwas mehr Platz benötigt (z.B. eine Turnhalle). Ein Schüler wird als Fischer benannt. Er stellt sich auf die eine Seite des Raumes, die restlichen Kinder versammeln sich in einigen Metern Abstand ihm gegenüber. Ihr Ziel ist es, zur Wand des Fischers zu gelangen. Die Schüler rufen gemeinsam: „Fischer, Fischer, welche Fahne weht heute?“ Der Fischer muss nun eine Farbe nennen, z.B.: „Rot!“ Diejenigen, die etwas Rotes an sich haben, dürfen nun ungehindert zur gegenüberliegenden Wand laufen. Die übrigen darf der Fischer fangen. Sie müssen versuchen, die andere Seite zu erreichen. Sobald sie gefangen sind, werden sie auch zu Fischern. Beim nächsten Durchgang wird eine andere Farbe genannt. Das Spiel geht so lange, bis alle Fischer sind.*

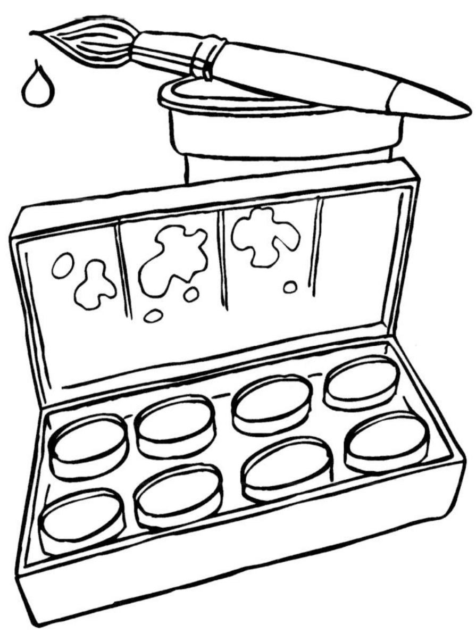

Arbeits-Pass

Name: ____

Aufgabe	erledigt am	kontrolliert am/von

Welche Farben kennst du?

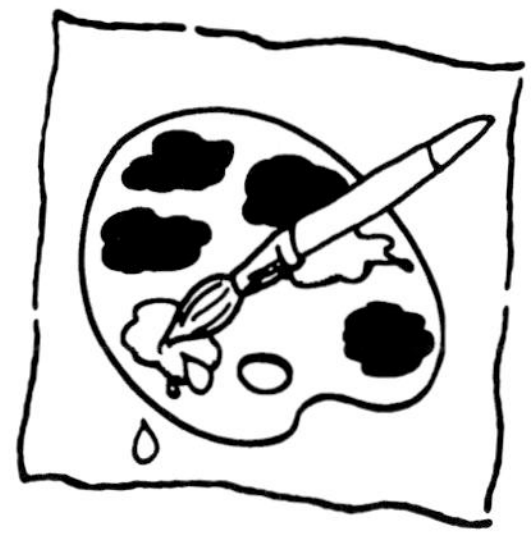

Das brauchst du:

- Farbkasten
- Pinsel
- Gefäß mit Wasser

Lies die Farbnamen. Male das Bild darunter in der richtigen Farbe an.

ROT

Diese **roten** Dinge kenne ich noch:

____

____

GELB

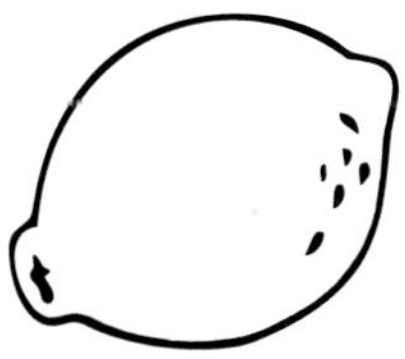

Diese **gelben** Dinge kenne ich noch:

____

____

ORANGE

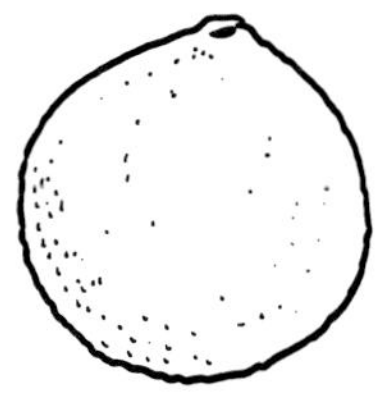

Diese **orangen** Dinge kenne ich noch:

____

____

BLAU

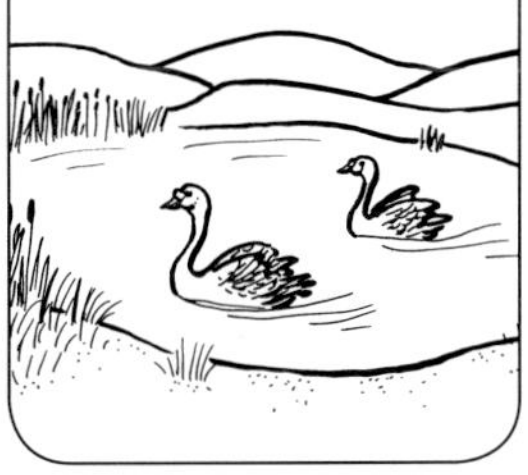

Diese **blauen** Dinge kenne ich noch:

____

____

GRÜN

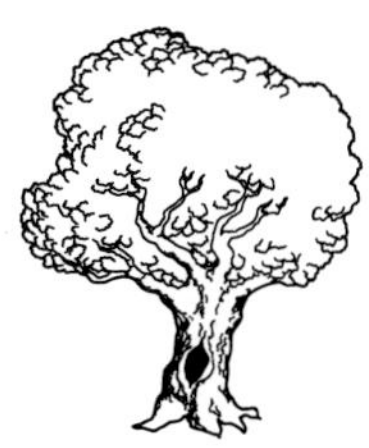

Diese **grünen** Dinge kenne ich noch:

____

____

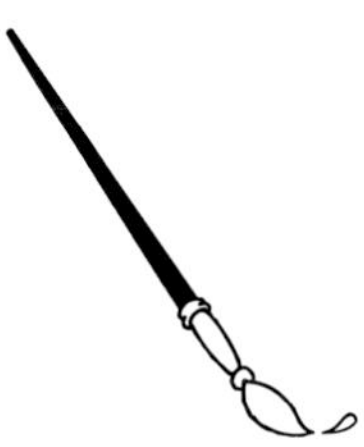

Das ist meine Lieblingsfarbe:

____

Male ein Ding in deiner Lieblingsfarbe.

Farben in der Steinzeit

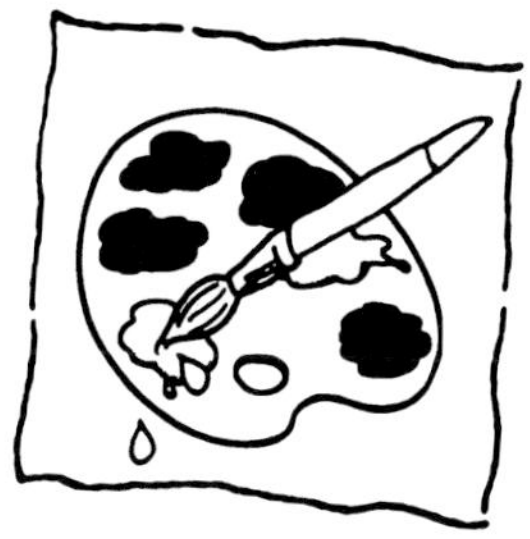

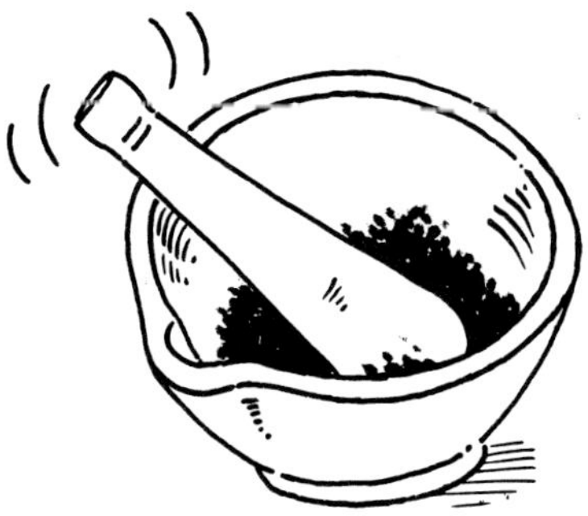

Info *In der Steinzeit bemalten die Menschen Höhlenwände. Es gab damals aber noch keine Farbe zu kaufen. Deshalb haben die Steinzeitmenschen ihre Farben selbst hergestellt. Sie sammelten natürliche Stoffe wie Erde, Steine oder Kohle. Um Farbe daraus zu machen, zerkleinerten sie das Material zuerst und mahlten es dann zu feinem Farbpulver. Sie mischten das Pulver mit einem Bindemittel, sodass ein cremiger Brei entstand. Als Bindemittel verwendeten sie Tierfett oder Spucke. Damit hielt die Farbe auf der rauen Wand besser.*
Die Steinzeitmenschen hatten noch nicht so eine große Auswahl an Farben wie du in deinem Farbkasten. Es gab damals erst vier Farbtöne:

- ***Schwarz** wurde aus Kohle gemacht,*
- ***Rot** entstand aus Hämatit (ein Gestein),*
- ***Gelb** hat man aus Ton hergestellt,*
- ***Braun** wurde aus Braun-Eisen-Erz (Rost von eisenhaltigen Mineralien) gemacht.*

Mit den Fingern, Tierhaarpinseln oder zerkauten Ästen trugen die Menschen die Farbe auf die Höhlenwände auf. Besonders gerne malten sie Tiere, zum Beispiel ein Pferd oder einen Wisent. In Höhlen in Frankreich und Spanien findet man heute noch Wandmalereien aus der Steinzeit, so ähnlich wie auf diesem Bild.

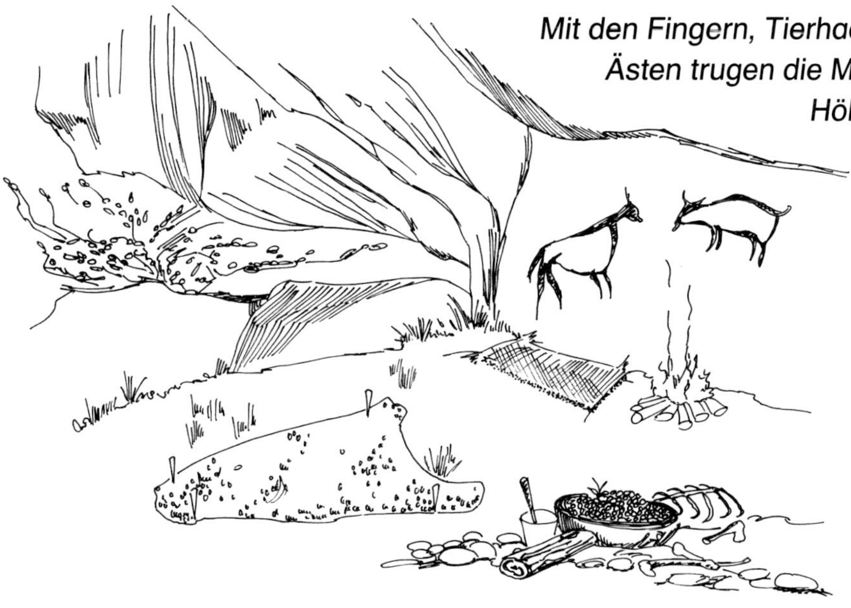

Lies die Fragen und schreibe die Antworten in dein Heft.

1. Woraus stellten die Steinzeitmenschen Farben her?

2. Was bemalten die Steinzeitmenschen?

3. Womit wurde das Farbpulver gebunden?

4. Was malten die Menschen am liebsten?

Grün-Töne sammeln

Info *Wenn du durch den Wald oder über eine Wiese gehst, begegnest du unzähligen verschiedenen Farben. Die Farbe Grün findest du besonders häufig. Aber jedes Grün ist anders!*

Sammelt draußen auf der Wiese oder im Wald möglichst viele verschiedene Grün-Töne. Wer findet die meisten?

Das braucht ihr:

- kleine weiße Pappkärtchen
- Klebestift oder doppelseitiges Klebeband
- Fotoapparat

So geht es:

1. Sucht verschiedene Pflanzen und zupft vorsichtig ein paar Blätter ab. Damit ihr nicht so viele Blätter abreißen müsst, teilt euch die Blätter. Jedes Kind bekommt einen kleinen Schnipsel. Achtet darauf, dass die Grün-Töne verschieden sind, zum Beispiel Hellgrün, Dunkelgrün, Blaugrün …
2. Klebt die grünen Pflanzenteile auf die Karten. Dabei bekommt jedes Grün eine andere Karte. Wer möchte, kann den Grün-Tönen Namen geben und sie auf den Karten eintragen, zum Beispiel: Hellgrün, Dunkelgrün, Mintgrün, Türkisgrün … Die Grün-Töne verblassen schnell, wenn man sie aufklebt. Macht von jeder Karte ein Foto.

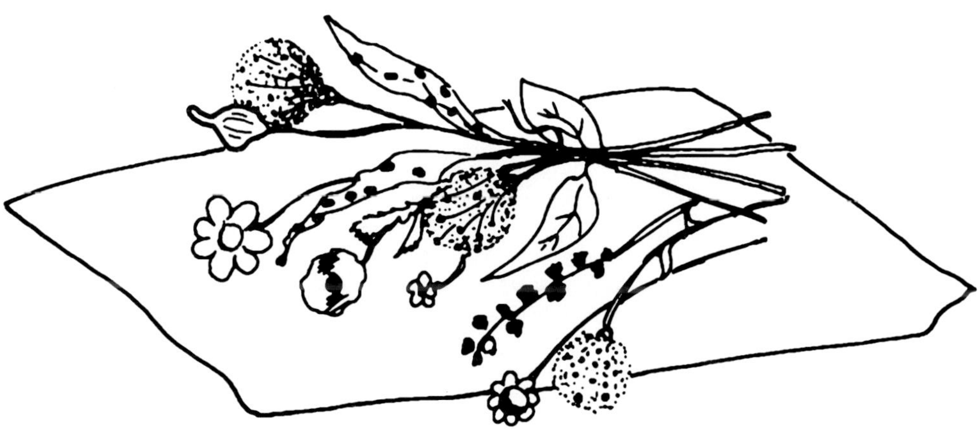

Farbkasten

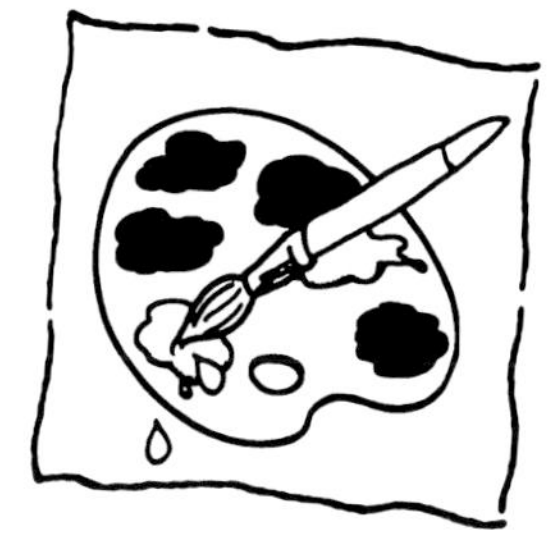

In deinem Farbkasten befinden sich zwölf Farbtöne.

Das brauchst du:

- Farbkasten
- Pinsel
- Gefäß mit Wasser

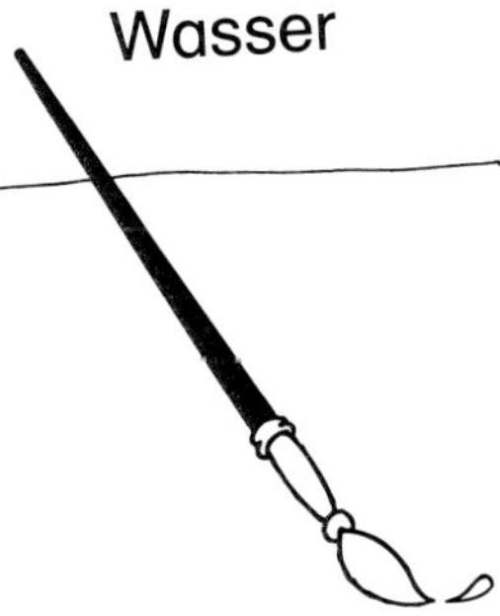

Male jeden Farbnapf in einer Farbe aus.
Schreibe den Namen dazu.

Tipp: *Wasche den Pinsel sorgfältig aus.*
Nimm ihn zum Trocknen aus dem Wasser.

Diese Farbe im Farbkasten finde ich

am schönsten: ______________________________

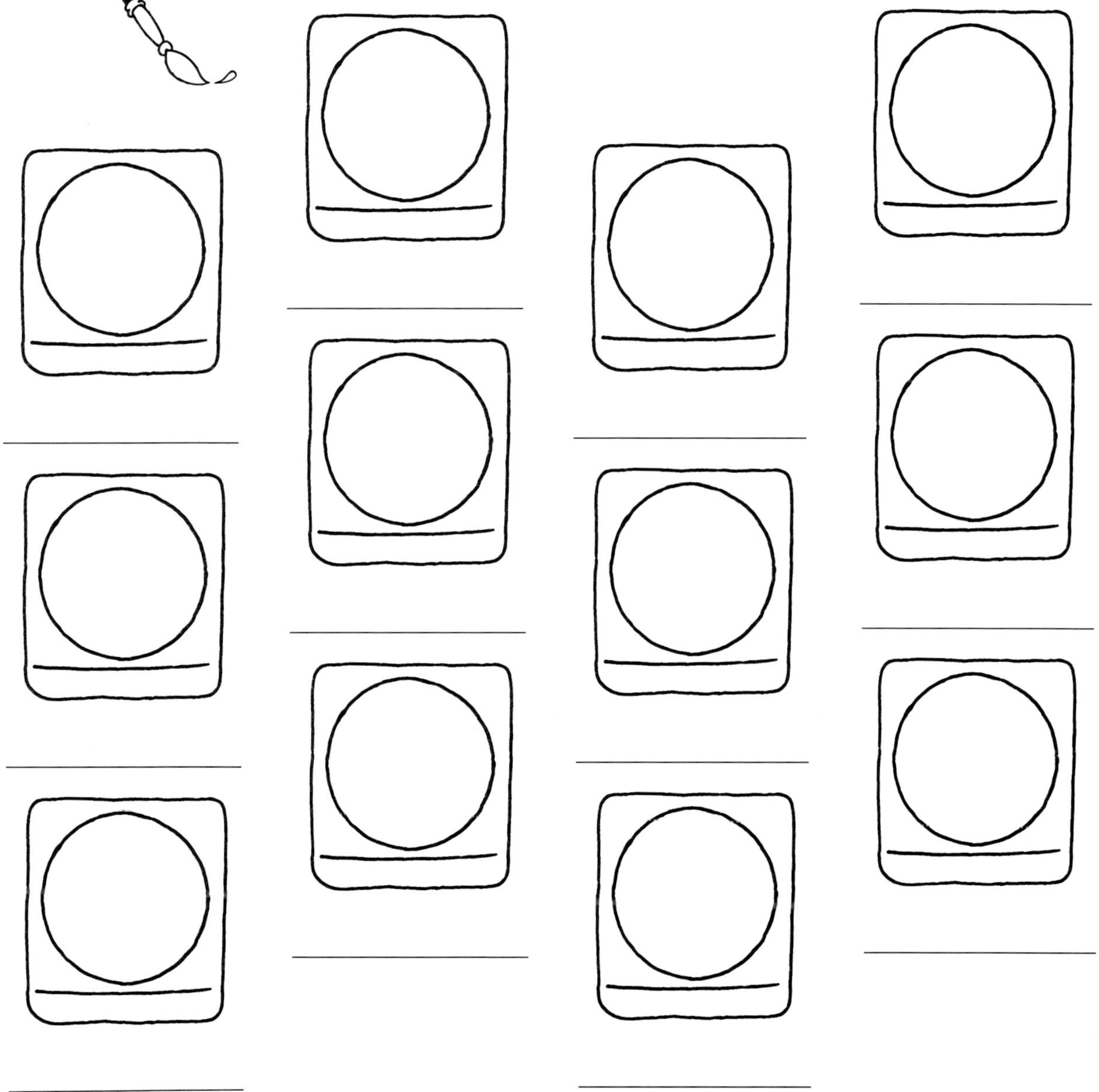

Farben aus dem Farbkasten

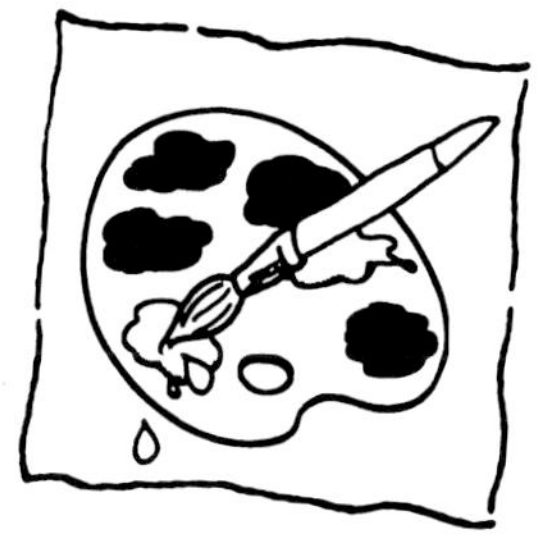

Info *Die Farben aus deinem Farbkasten bestehen aus Farbpigmenten und Bindemitteln (z.B. Pflanzenleimen). Pigmente sind fein gemahlenes Farbpulver. Das Bindemittel ist nötig, um die Farbpigmente miteinander zu verbinden. Es verhindert, dass die Farbe bröselt. Damit die festen Farben wieder flüssig werden, musst du sie mit Wasser lösen.*

Tipp: *Rühre mit dem Pinsel solange in dem Farbnapf, bis die Farbe Bläschen schlägt und cremig ist.*

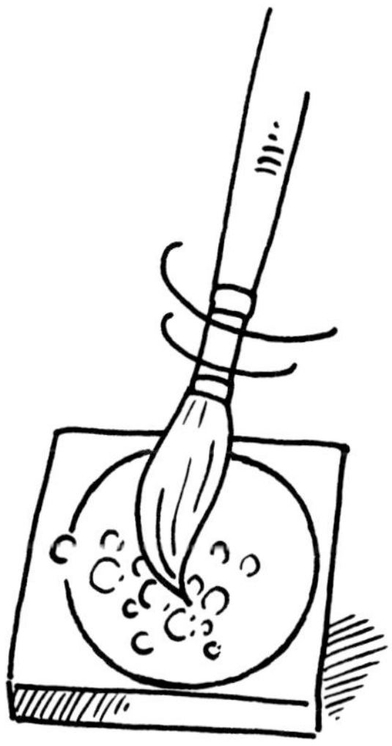

Beantworte die Fragen.

1. Woraus bestehen die Farben in deinem Farbkasten?

____

2. Was ist ein Pigment? ______________________

3. Wozu wird ein Bindemittel benötigt?

____

4. Wie bekommst du die Farben wieder flüssig?

____

Das brauchst du:

- Farbkasten
- Pinsel
- Gefäß mit Wasser

Male die Kästen unten in deiner Lieblingsfarbe aus. Nimm zuerst wenig Wasser, im zweiten Kasten mehr und im dritten Kasten viel Wasser.

Welche Unterschiede bemerkst du?

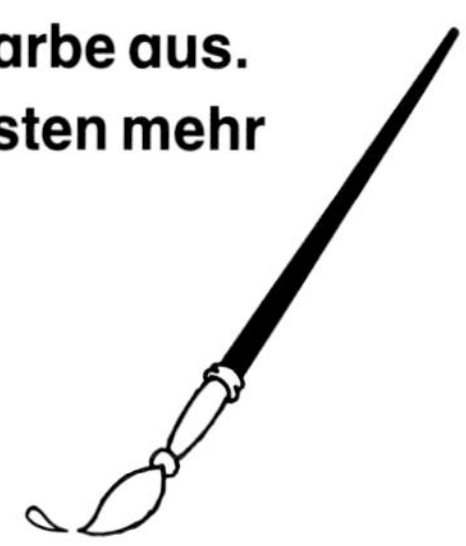

1. wenig Wasser | 2. mehr Wasser | 3. viel Wasser

Grundfarben und Farbdreieck

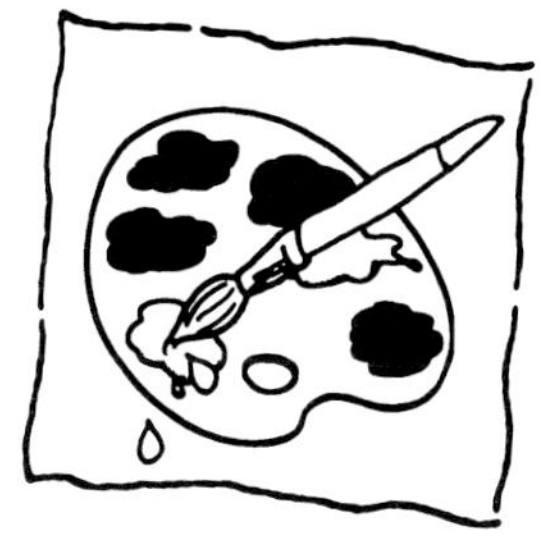

Info *Mit den Grundfarben kannst du alle Farben mischen. Die drei Grundfarben sind: Gelb, Rot und Blau. Die Grundfarben werden auch „Farben erster Ordnung“ oder „Primärfarben“ genannt. Primär ist lateinisch und bedeutet: Voraussetzung oder Grundlage. In dem Farbdreieck kannst du die drei Grundfarben übersichtlich anordnen.*

Das brauchst du:

- Farbkasten
- Pinsel
- Gefäß mit Wasser

Male das Farbdreieck in den Grundfarben aus.

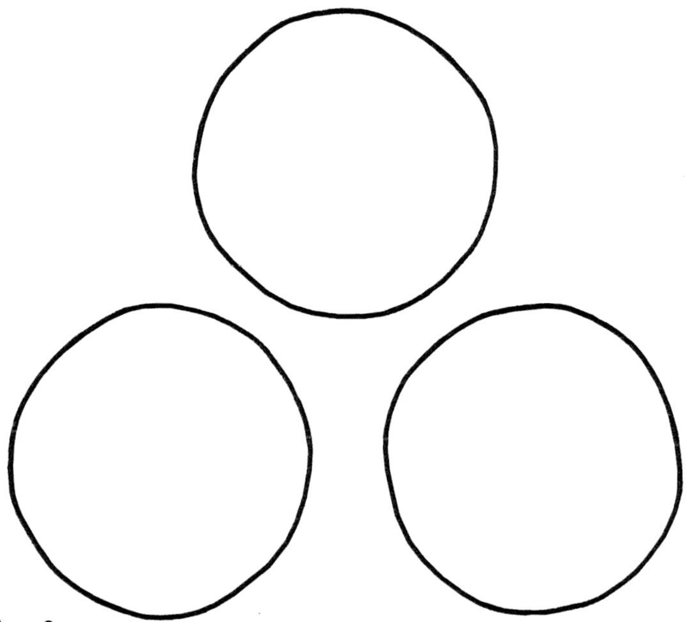

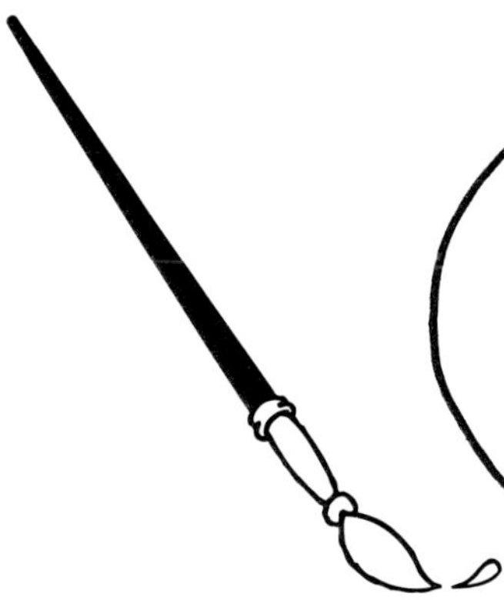

Kennst du die Antworten? Schreibe auf.

1. Wie heißen die drei Grundfarben?

______________________, ______________________,

und ____________________.

2. Wie werden die Grundfarben auch genannt?

____

Sechsteiliger Farbkreis

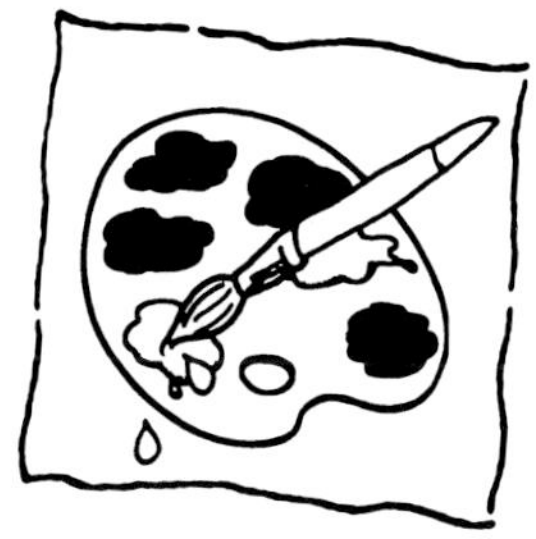

Info *Das Farbdreieck mit den drei Grundfarben (Primärfarben) kannst du mit den so genannten „Sekundärfarben“ erweitern. Die drei Sekundärfarben entstehen, wenn du die Primärfarben untereinander mischst.*

Das brauchst du:

- Farbkasten
- Pinsel
- Gefäß mit Wasser

Mische die Primärfarben wie beschrieben. Welche Sekundärfarben entstehen?

Rot und Gelb ergeben ______________________.

Blau und Rot ergeben ______________________.

Gelb und Blau ergeben ______________________.

Male die Primärfarben in die großen und die Sekundärfarben in die kleinen Kreise. So erhältst du den sechsteiligen Farbkreis.

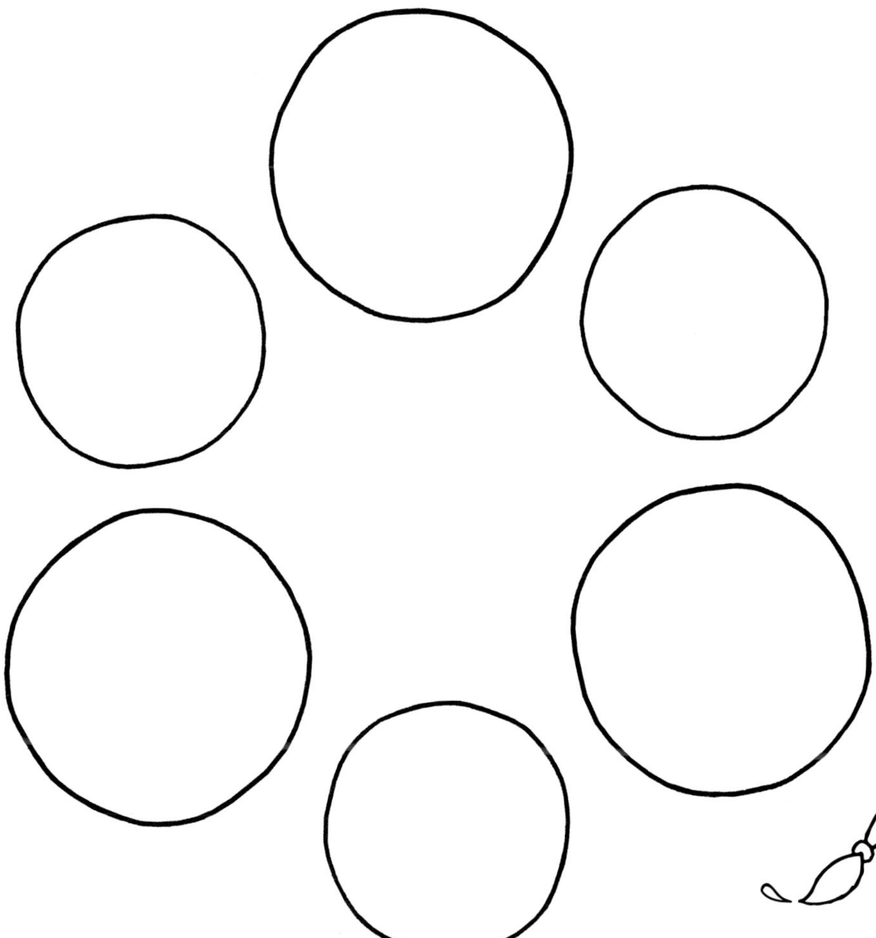

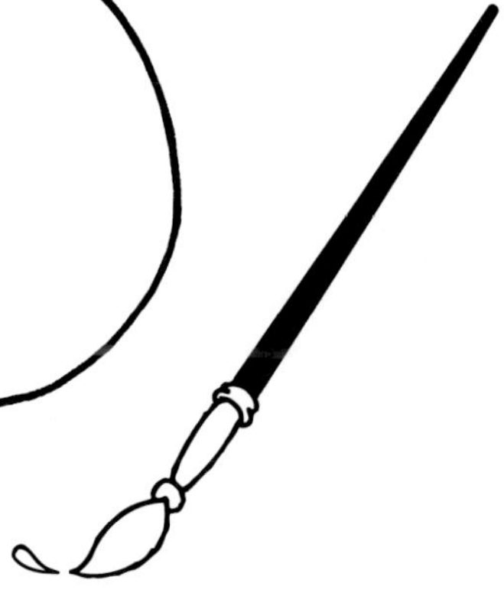

Zwölfteiliger Farbkreis

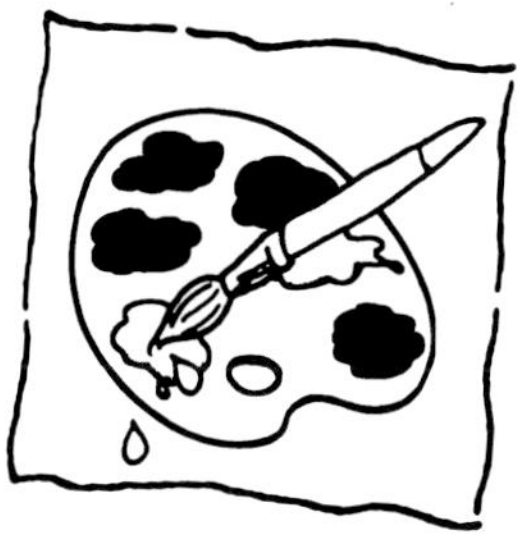

Info *Den Farbkreis mit Primärfarben und Sekundärfarben kannst du mit den so genannten „Tertiärfarben“ zum zwölfteiligen Farbkreis erweitern. Die sechs Tertiärfarben entstehen, wenn du Primärfarben und Sekundärfarben mischst.*

Das brauchst du:

- Farbkasten
- Pinsel
- Gefäß mit Wasser
- DIN-A4-Blatt

Mische die Primärfarben mit den Sekundärfarben wie unten beschrieben. Welche Tertiärfarben entstehen?

1. Gelb und Orange ergeben Gelborange.
2. Rot und Orange ergeben ______________________.
3. Rot und Violett ergeben ______________________.
4. Blau und Violett ergeben ______________________.
5. Blau und Grün ergeben ______________________.
6. Gelb und Grün ergeben ______________________.

Male die Primärfarben, Sekundärfarben und Tertiärfarben, so wie hier im Kreis vorgegeben, auf ein DIN-A4-Blatt. Nimm die Farbkreisvorlage (S. 65) zur Hilfe.

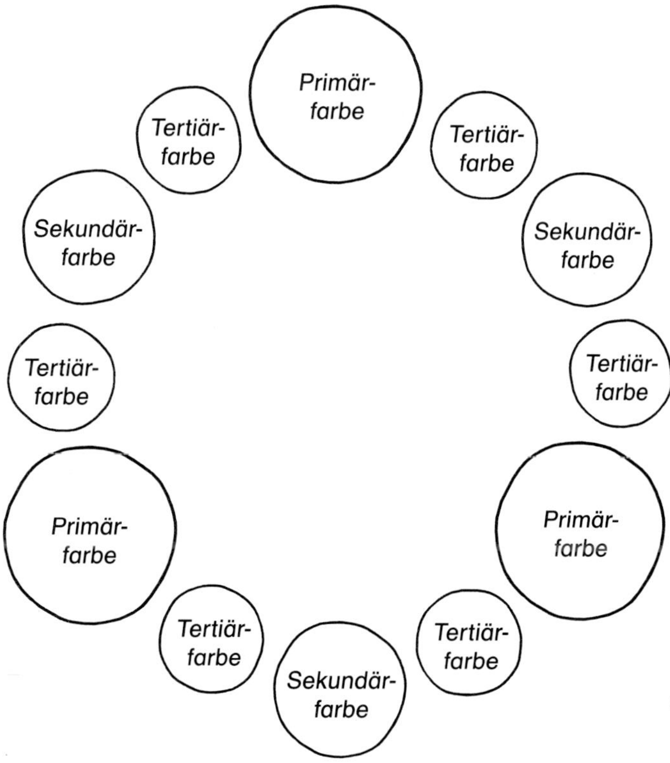

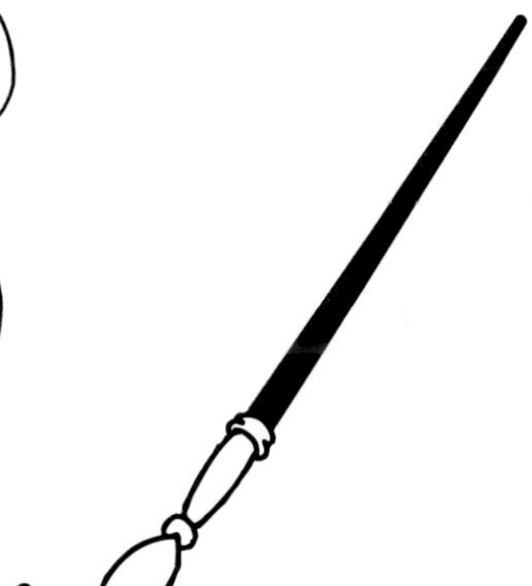

Farbenspiel – Spielbeschreibung

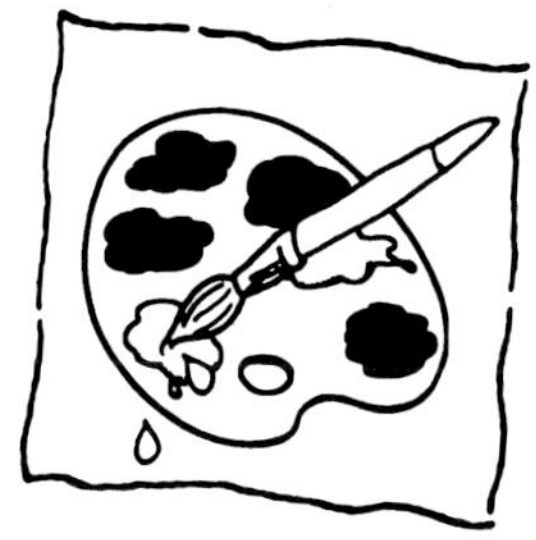

Kennt ihr euch mit dem Farbkreis aus? Setzt euch zu dritt zusammen und testet es mit diesem Spiel!

Das braucht ihr:

- Farbkreis von Seite 65 oder einen ausgemalten zwölfteiligen Farbkreis
- 3 Kopien vom Farbplan (Seite 20)
- Würfel
- 1 gelbe, 1 rote und 1 blaue Spielfigur (zum Beispiel aus einem Gesellschaftsspiel)
- Farbkasten
- Pinsel
- Gefäß mit Wasser

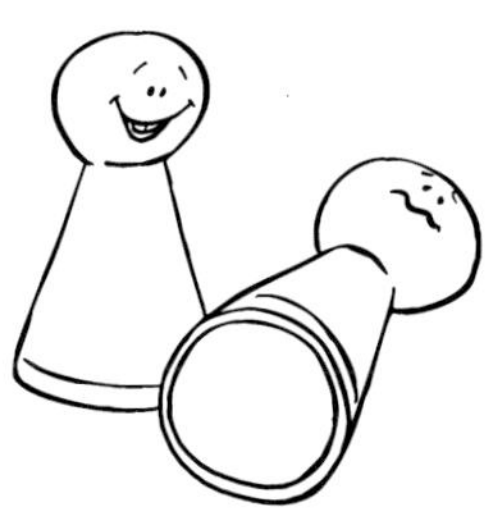

So geht es:

Spielvorbereitung:
Jeder Spieler wählt eine Spielfigur und stellt sie auf die passende Grundfarbe im Farbkreis. Jeder Spieler bekommt einen Farbplan (Seite 20). Die Liste mit der Zusammensetzung der Farben wird umgedreht.

Spielverlauf:
Der gelbe Spieler fängt an und würfelt. Er geht im Uhrzeigersinn die Anzahl der gewürfelten Felder vor. Nun nennt er die Grundfarben, aus denen sich der Farbton, auf dem er steht, zusammensetzt. Sein linker Nachbar kontrolliert mit der Liste (unten) und dreht sie danach wieder um.
Hat der Spieler die richtige Antwort gegeben, mischt er die Farbe so, dass sie wie im Farbkreis aussieht. Danach malt er die Farbe in das entsprechende Feld auf seinem Farbplan. Nennt er falsche Farben, ist der nächste Spieler an der Reihe. Wer auf eine Grundfarbe kommt (Rot, Blau oder Gelb), darf das passende Feld sofort anmalen. Kommt ein Spieler auf eine Farbe, die er schon auf seinen Farbplan gemalt hat, darf er noch einmal würfeln. Wer alle Felder zuerst angemalt hat, hat gewonnen.

Beispiel:
Du kommst auf das Feld mit der Farbe Gelbgrün. Nun nennst du die Grundfarben, aus denen sich die Farbe Gelbgrün zusammensetzt: Gelb und Blau. Liegst du richtig, mischst du das Gelbgrün, vergleichst mit dem Gelbgrün im Farbkreis und malst es auf deinen Farbplan.

Zusammensetzung der Sekundär- und Tertiärfarben:

Sekundärfarben:

Grün = Blau und Gelb

Orange = Rot und Gelb

Violett = Blau und Rot

Tertiärfarben:

Gelborange = Rot und Gelb (viel Rot, wenig Gelb)
Rotorange = Rot und Gelb (viel Gelb, wenig Rot)
Rotviolett = Rot und Blau (viel Rot, wenig Blau)
Blauviolett = Rot und Blau (viel Blau, wenig Rot)
Blaugrün = Blau und Gelb (viel Blau, wenig Gelb)
Gelbgrün = Blau und Gelb (viel Gelb, wenig Blau)

Farbenspiel – Farbplan

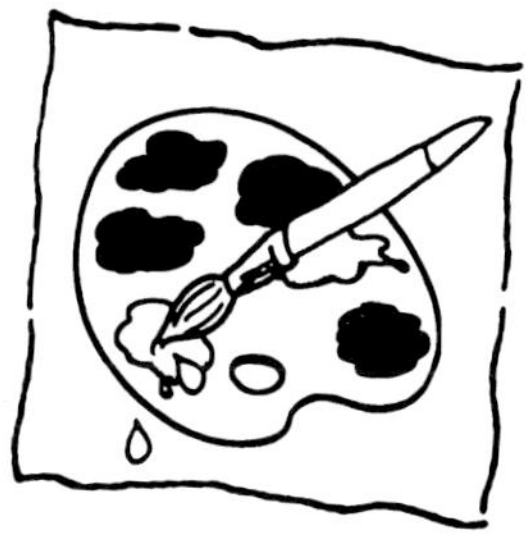

Grundfarben (Rot, Blau, Gelb)

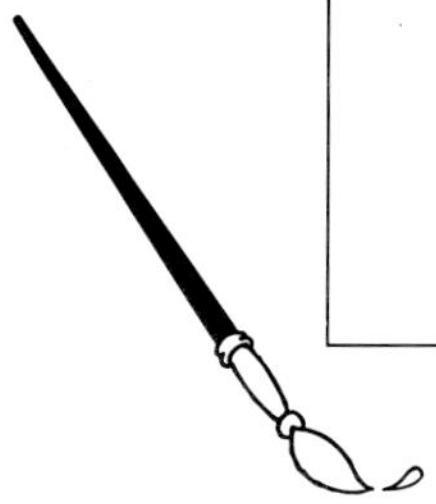

Sekundärfarben (Grün, Orange, Violett)

Tertiärfarben (Gelborange, Rotorange, Rotviolett, Blauviolett, Blaugrün, Gelbgrün)

Mein schönster Farbton

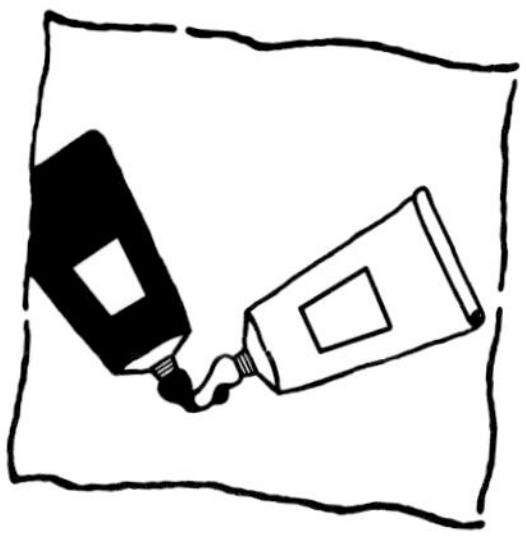

**Was ist deine Lieblingsfarbe?
Gestalte folgendes Bild
mit deinen Lieblingsfarben.**

Das brauchst du:

- DIN-A4-Blatt
- Farbkasten
- Pinsel
- Wasser
- Schere
- Kleber
- Kataloge
- Zeitschriften
- Stoffreste

So geht es:

1. Suche in Zeitschriften, Katalogen oder Stoffresten deinen Lieblingsfarbton und schneide verschiedene Stellen in dem Farbton aus.
2. Lege das DIN-A4-Blatt quer und klebe die Ausschnitte auf die linke Hälfte.

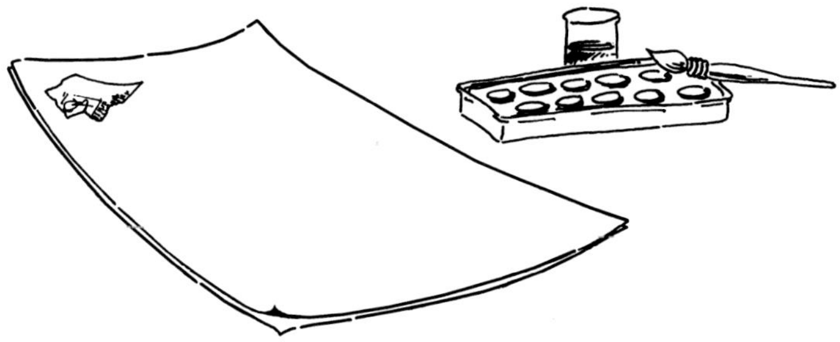

3. Versuche nun, den Farbton zu mischen und ihm so nah wie möglich zu kommen.

   ***Hinweis:** Benutze ein zweites Blatt zum Mischen. Warte, bis die Farbe getrocknet ist. Halte den Ton neben die Vorlage und vergleiche.*

4. Wenn du den richtigen Ton gemischt hast, male die rechte Hälfte des Blattes in der Farbe aus.

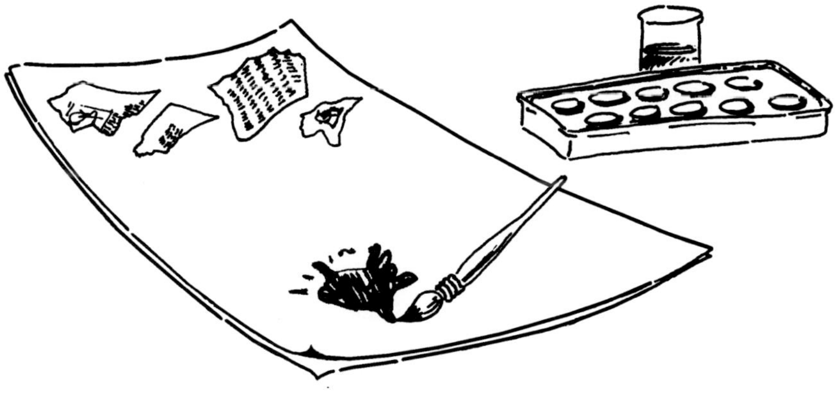

Farben drucken

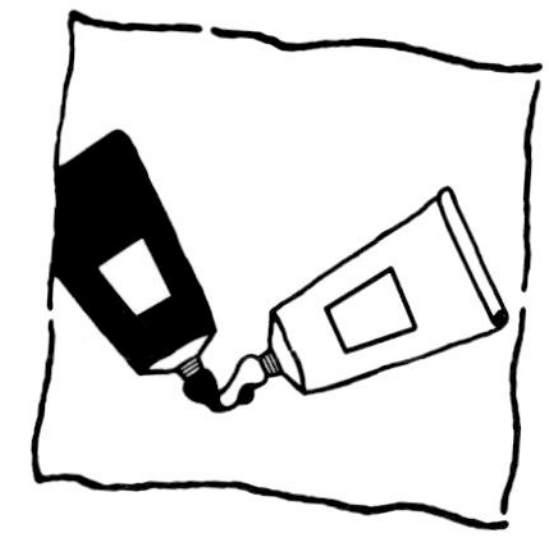

Drucke dein Lieblingsmotiv mit einer Kartoffel.

Das brauchst du:

- Kartoffeln
- Messer
- Plaka®- oder Fingerfarbe
- Pinsel
- Papier

So geht es:

1. Schneide die Kartoffeln in zwei Hälften.

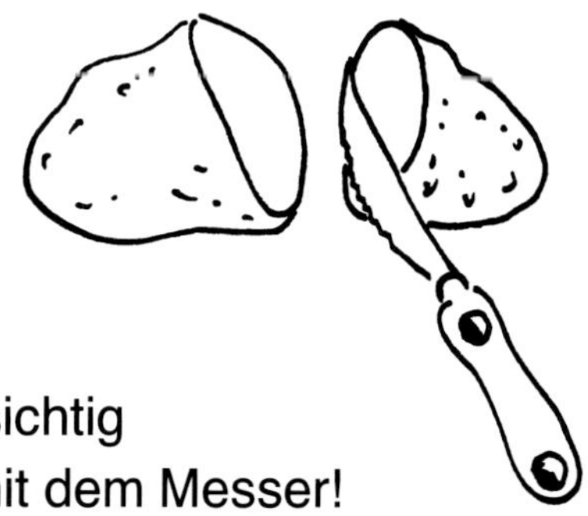

Achtung: Sei vorsichtig beim Schneiden mit dem Messer! Lass dir von einem Erwachsenen helfen!

2. Ritze dein Motiv vorsichtig in eine Kartoffelhälfte ein. **Wichtig:** Schneide nur die Umgebung des Motivs aus der Kartoffel heraus. Das Motiv selbst muss stehen bleiben (Abb. 1)!

3. Bestreiche dein Motiv mit einer Farbe (Abb. 2).

4. Drücke die Kartoffelhälfte auf ein Blatt Papier.

5. Wiederhole den Vorgang mit einer anderen Farbe.

6. Drucke die Motive versetzt übereinander. So können sich die Farben vermischen und es entstehen weitere Farben!

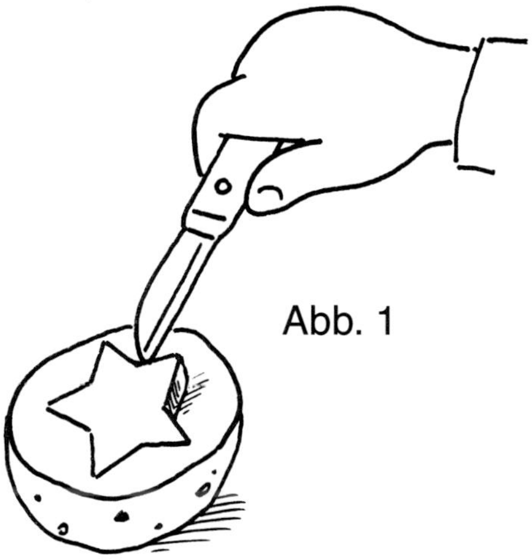

Abb. 1

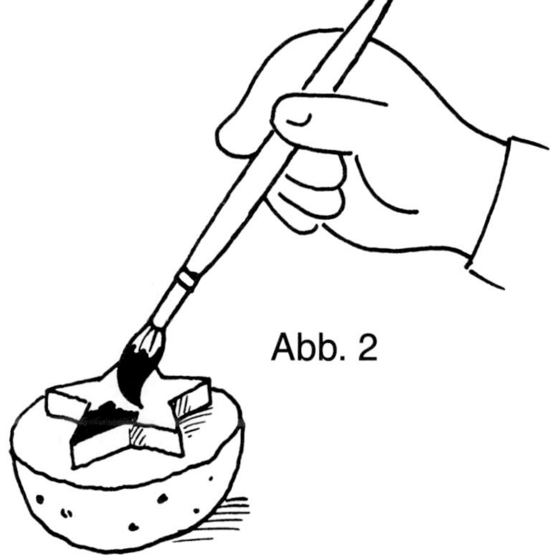

Abb. 2

® Plaka ist eine eingetragene Marke der Pelikan AG.

Farben regnen lassen

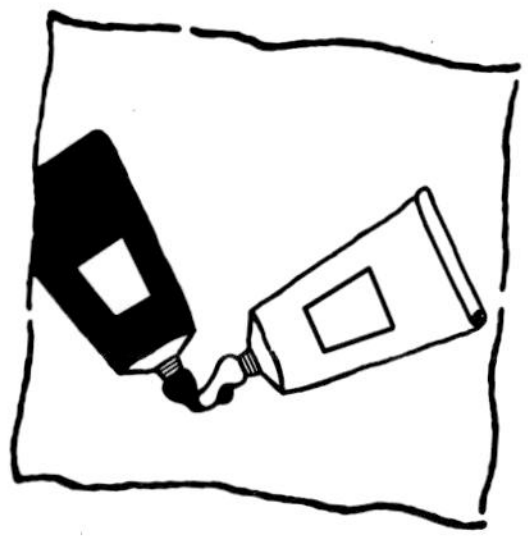

Hast du schon mal Farben regnen lassen? Probiere es aus!

Das brauchst du:

- Farbkasten
- Papier
- feste Pappe
- Schere
- Zahnbürste
- kleines Sieb
- Gefäß mit Wasser

So geht es:

1. Schneide aus fester Pappe eine Form aus (zum Beispiel ein Herz, einen Kreis oder ein Dreieck).
2. Lege diese Form als Schablone auf ein Blatt Papier.
3. Tauche die Borsten der Zahnbürste in die Farbe.
4. Streiche mit der Zahnbürste mehrmals über das Sieb, bis es um die Form herum schön bunt ist.

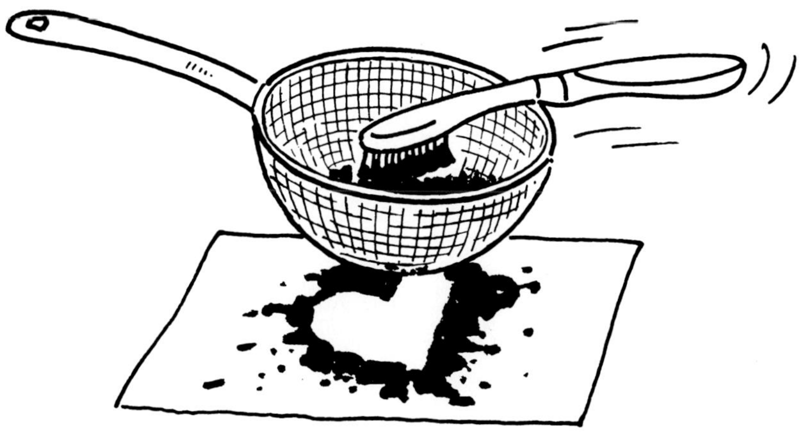

5. Verschiebe die Form und wiederhole den Vorgang mit einer anderen Farbe.

Farben ausschlagen

Info *Der amerikanische Maler Jackson Pollock (1912–1956) experimentierte viel mit einer ganz bestimmten Technik: Er schlug mit dem Pinsel Farbe auf dem Papier aus und so entstanden viele Formen und Farbtöne.*

Zaubere wie Jackson Pollock mit dem Pinsel Farben und Formen auf dein Blatt.

Das brauchst du:

- abwaschbare Unterlage oder Zeitungspapier
- alte Kleidung
- Pinsel
- großes festes Papier
- Farbkasten
- Gefäß mit Wasser

So geht es:

1. Tränke deinen Pinsel mit viel flüssiger Farbe.
2. Schlage den Pinsel über dem Papier aus.

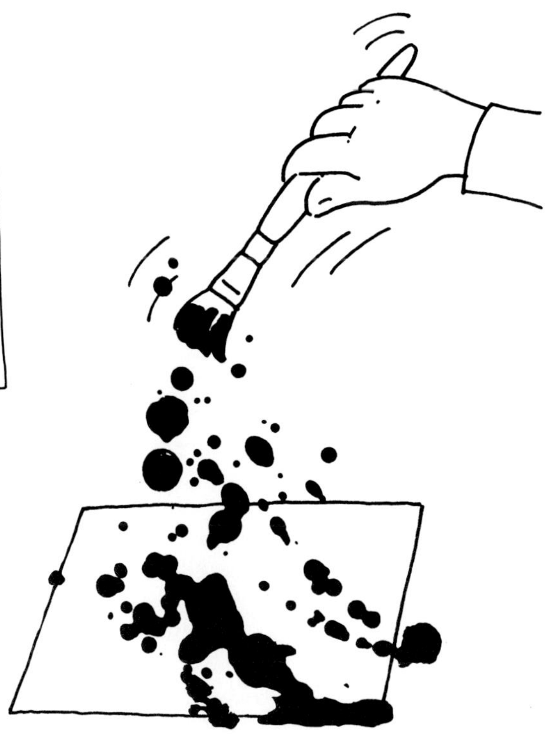

Vorsicht, Farbspritzer! Ziehe alte Kleidung an und benutze eine abwaschbare Unterlage oder Zeitungspapier!

3. Verwende verschiedene Farben. Die Farben laufen ineinander und vermischen sich zu vielen verschiedenen Tönen.

Hinweis: *Bewege das Papier vorsichtig auf und ab. So können die Farben besser fließen.*

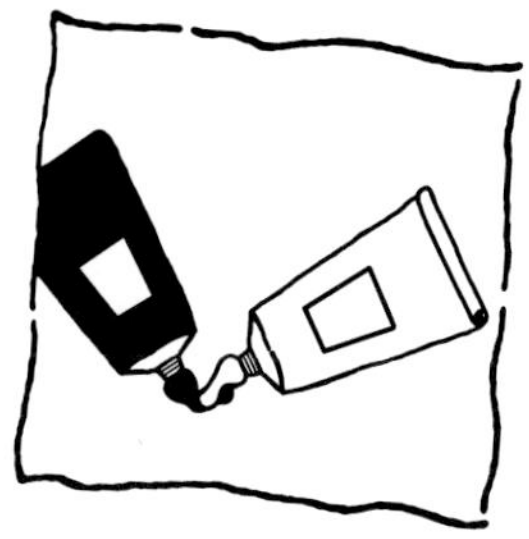

Punkt für Punkt

Info *Pointillismus (sprich: „Poäntillismus“) ist eine Auftragstechnik, die von französischen Malern, den Pointillisten (sprich: „Poäntillisten“), stammt. „Point“ ist englisch/französisch und bedeutet „Punkt“. Auch der Maler Georges Seurat (sprich: „Schorsch Söra“) wendete diese Technik an. Auf seinem Bild siehst du, dass er Punkt für Punkt nebeneinandersetzte. So erzeugte er eine farbige Fläche.*

Das brauchst du:

- Farbfotos aus Zeitungen oder Zeitschriften
- Lupe
- Papier
- Bleistift
- Filzstifte
- Farbbild von Seite 66

Schau dir in einer Zeitung ein Farbfoto mit der Lupe an. Was stellst du fest? Schreibe deine Beobachtungen auf.

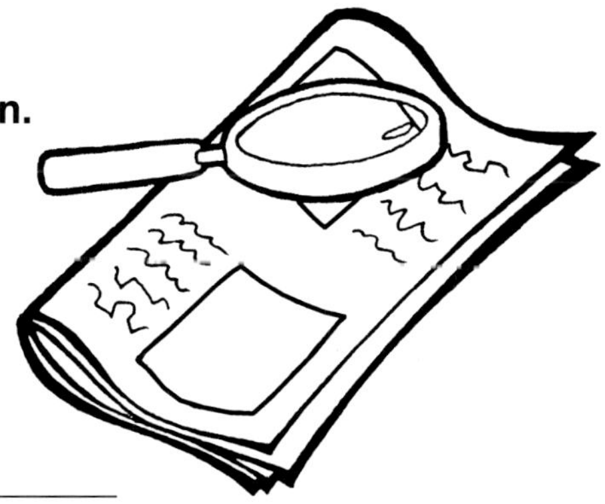

Stelle wie Georges Seurat ein Bild aus vielen Punkten her.

So geht es:

1. Zeichne die Umrisse deines Lieblingsmotivs dünn mit Bleistift vor.
2. Setze nun mit Filzstiften in verschiedenen Farben Punkte eng nebeneinander, sodass farbige Flächen entstehen.

Farbspektrum des Lichtes

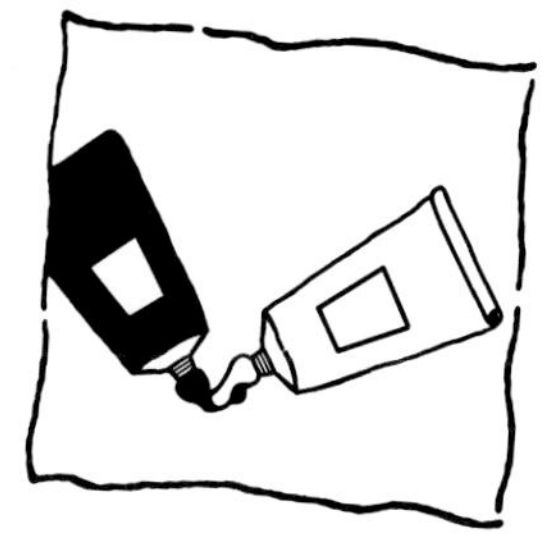

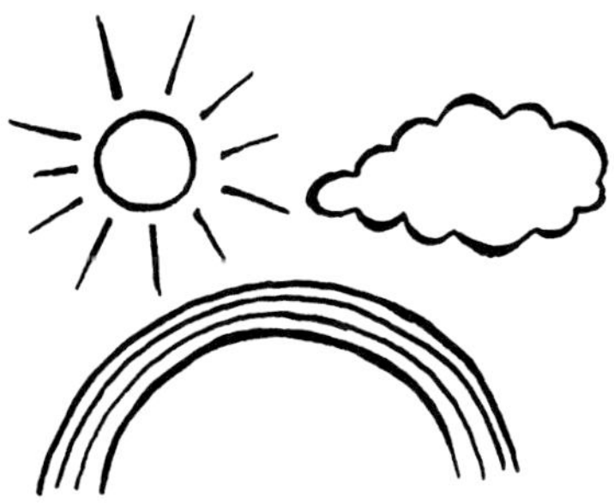

Info *In der Natur gibt es viele Farben zu entdecken. Wenn du durch den Wald gehst oder auf der Wiese spielst, kannst du unzählige Farbtöne ausmachen, die in der Sonne leuchten. Doch nicht nur die Bäume und Pflanzen, sondern auch das Licht der Sonne besteht aus vielen Farben!*

Führt zu zweit ein kleines Experiment durch.

Das braucht ihr:

- weißes Blatt
- Glas (glatt, ohne Riffel)
- Wasser

So geht es:

1. Legt ein weißes Blatt an einen sonnigen Platz (zum Beispiel auf die Fensterbank).
2. Stellt ein Glas darauf, das bis zum Rand mit Wasser gefüllt ist. **Achtung:** Das Glas muss glatt sein!

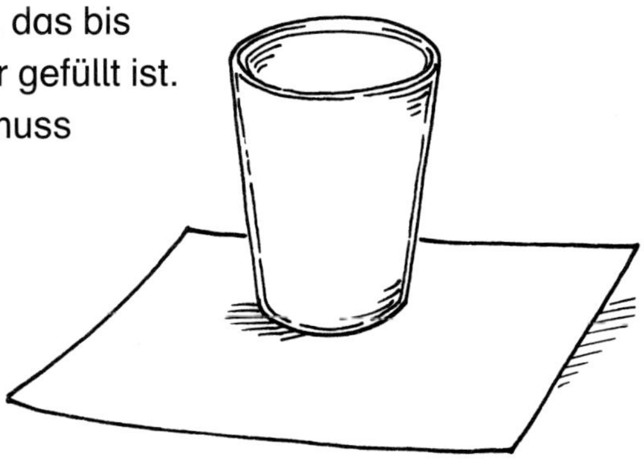

3. Was passiert, wenn ein Sonnenstrahl auf die Oberfläche des Wassers fällt? Sprecht über eure Beobachtungen und tragt die fehlenden Wörter in den Lückentext ein.

Glases – Blatt – Wasseroberfläche – Farben – Licht – Farben – gebrochen – Farben

Das ____________________ schillert in prächtigen ____________________!

Warum? Das ____________________ der Sonne wird sowohl an der ____________________ als auch an der Wand des ____________________ in seine verschiedenen Farben ____________________. Dadurch wird es in seine verschiedenen ____________________ zerlegt. Auch ein Regenbogen enthält diese ____________________!

© Verlag an der Ruhr | Postfach 102251 | 45422 Mülheim an der Ruhr | www.verlagruhr.de | ISBN 3-8346-0085-7

Farbfamilienbuch

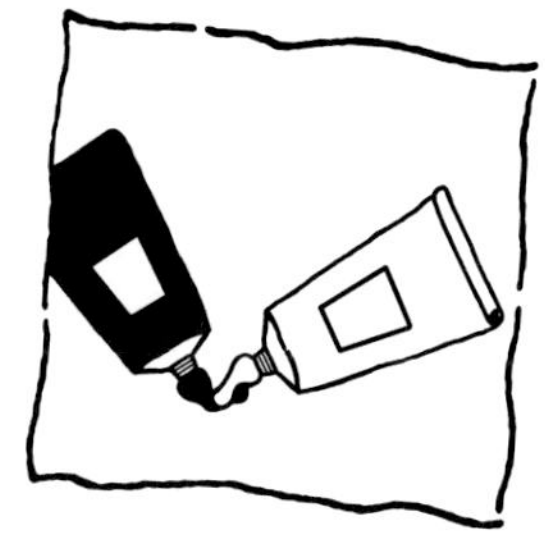

Jeder Farbton gehört zu einer Farbfamilie.

Beklebe sechs gleich große Vorlagen mit unterschiedlichen Farbtönen. Jedes Blatt ist eine Farbfamilie.

Rot | Gelb | Blau | Violett | Orange | Grün

Das brauchst du:

- Schere
- Locher
- Kleber
- Bindfaden
- Kataloge, Zeitschriften, Prospekte
- Stoffreste
- Papier

So geht es:

1. Schneide ein DIN-A4-Blatt in 6 gleich große Teile (siehe Abbildung).

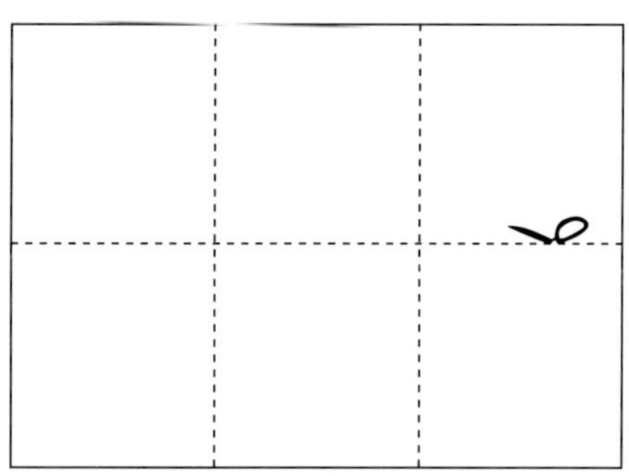

2. Schneide aus Prospekten, Zeitschriften oder Katalogen farbige Flächen oder Gegenstände heraus. Du kannst auch Stoffreste verwenden.
3. Sortiere die Schnipsel nach Farbfamilien (nach Rot-, Blau-, Gelb-, Orange-, Grün- und Violett-Tönen).
4. Klebe jeweils eine Farbfamilie auf ein Blatt. Schreibe den Namen der Familie darüber.
5. Lege die Seiten übereinander und binde sie mit einem Stück Bindfaden zu einem Farbfamilienbuch zusammen (siehe Abbildung).

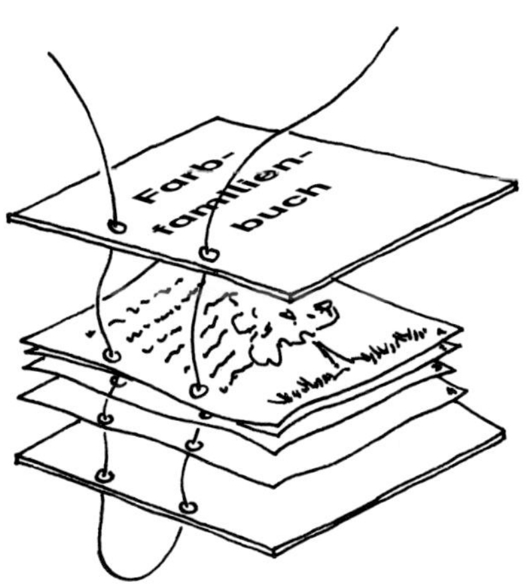

Helle Töne

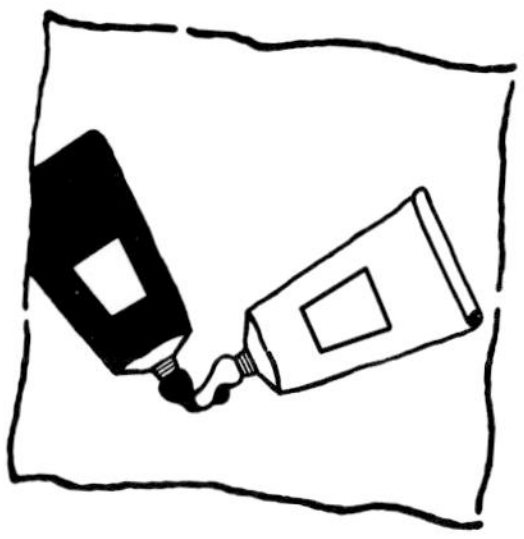

Das brauchst du:

- Farbkasten
- Pinsel
- Gefäß mit Wasser

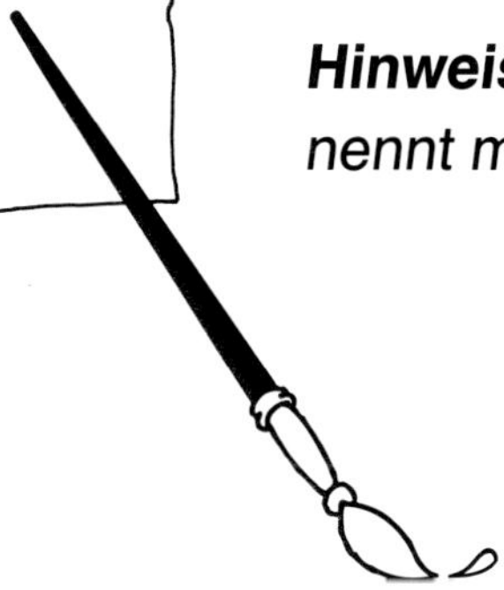

- **Male das innere Quadrat gelb an.**
- **Male die umliegenden Quadrate mit anderen hellen Farbtönen aus. Helle dazu die Farben mit Deckweiß auf.**

Hinweis: *Wenn du einer Farbe Weiß hinzumischst, nennt man das Helltrübung.*

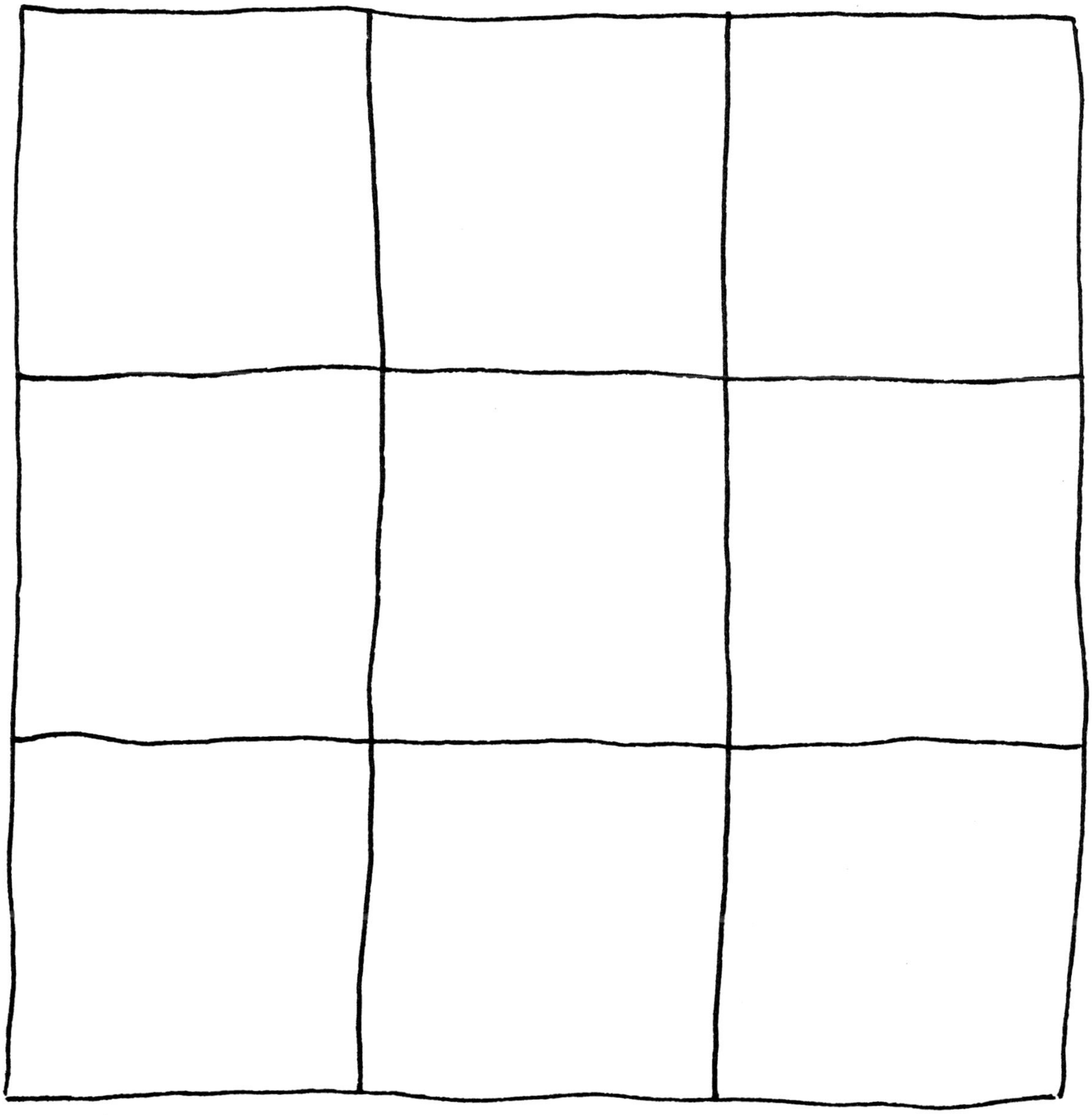

Dunkle Töne

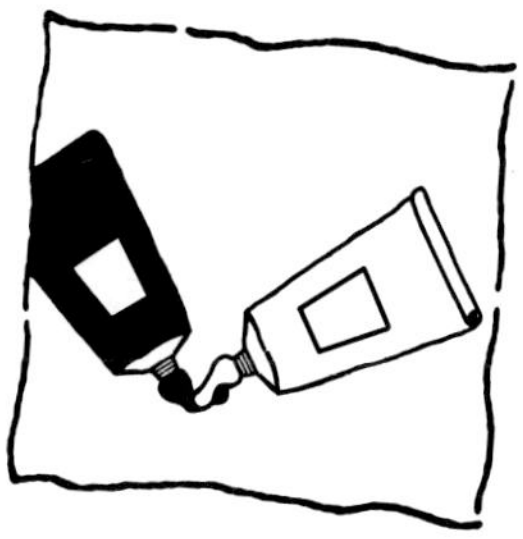

Das brauchst du:

- Farbkasten
- Pinsel
- Gefäß mit Wasser

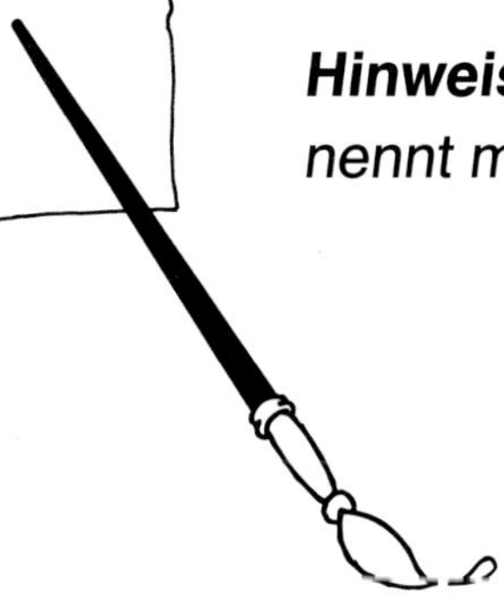

- **Male das innere Quadrat blau an.**
- **Male die umliegenden Quadrate mit anderen dunklen Farbtönen aus. Dunkele dazu die Farben mit Schwarz ab.**

Hinweis: *Wenn du einer Farbe Schwarz hinzumischst, nennt man das Dunkeltrübung.*

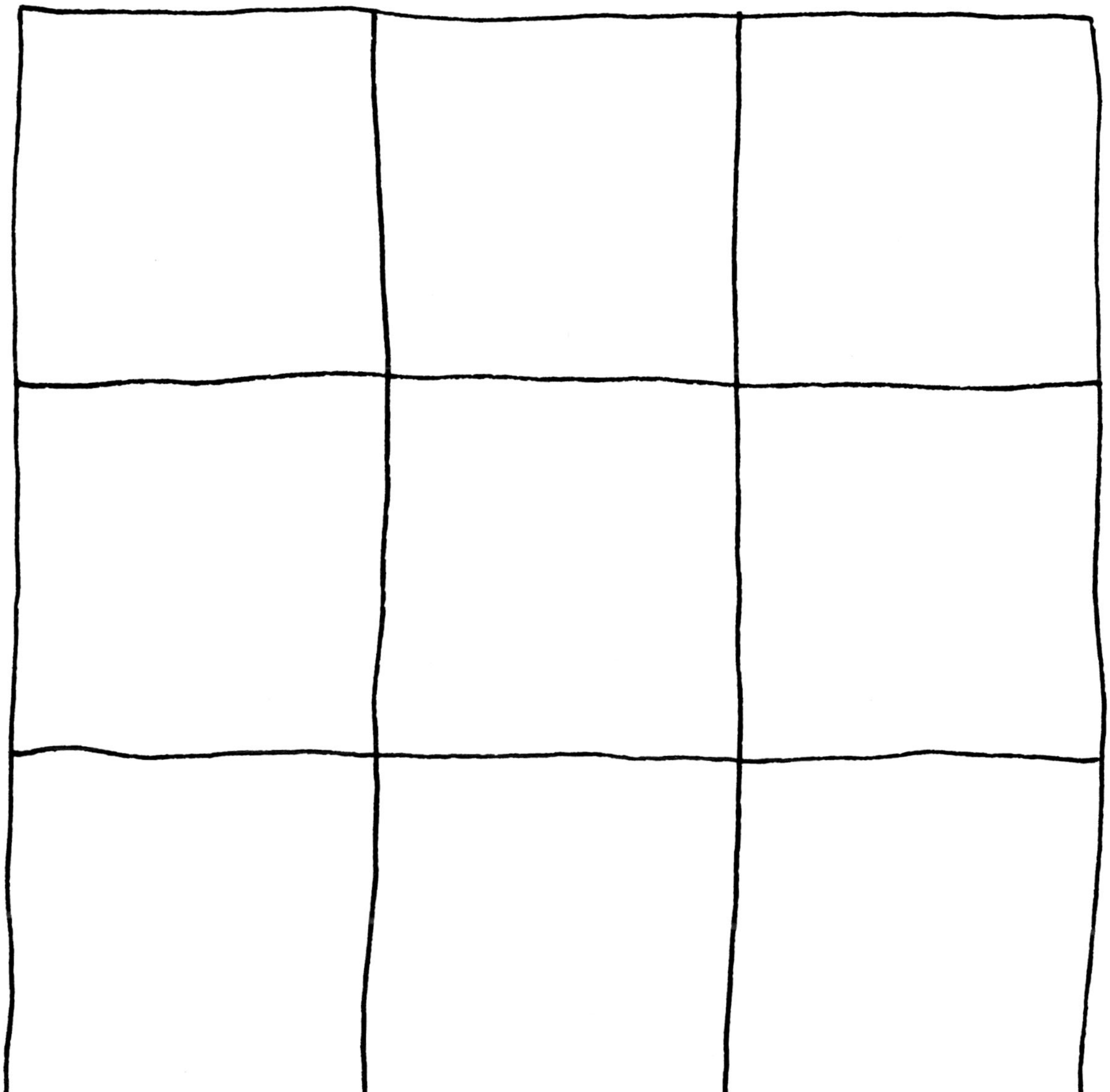

Farbige Grau-Töne

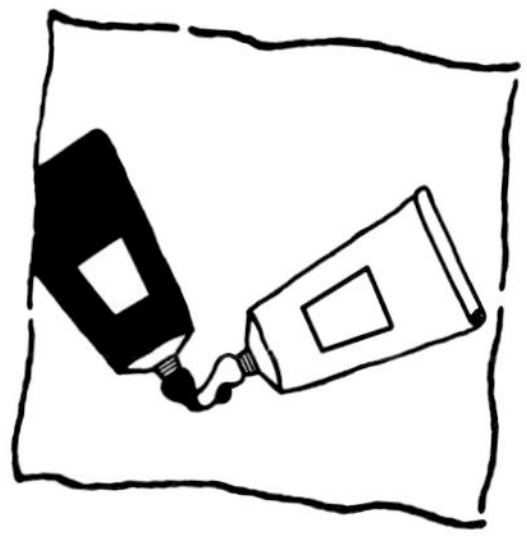

Info *Um farbige Grau-Töne zu erhalten, muss man die Farben mischen, die sich im Farbkreis gegenüberliegen. Rot + Grün, Blau + Orange und Gelb + Violett. Diese Farben heißen Komplementärfarben.*

Mischt aus den Komplementärfarben verschiedene Grau-Töne.

Das braucht ihr:

- unterschiedliche Steine
- Farbkasten
- Pinsel
- Gefäß mit Wasser

So geht es:

1. Sammelt unterschiedliche Steine (z.B. Kieselsteine).

2. Vergleicht eure Steine in der Klasse miteinander.

3. Welche Farbtöne könnt ihr in den grauen Steinen erkennen?

____

4. Versucht, die Grau-Töne eurer Steine mit den drei Farbpaaren von oben nachzumischen.

5. Vergleicht die Grau-Töne mit euren gesammelten Steinen.

6. Malt die Steine auf euren Arbeitsblättern in den gemischten Grau-Tönen aus.

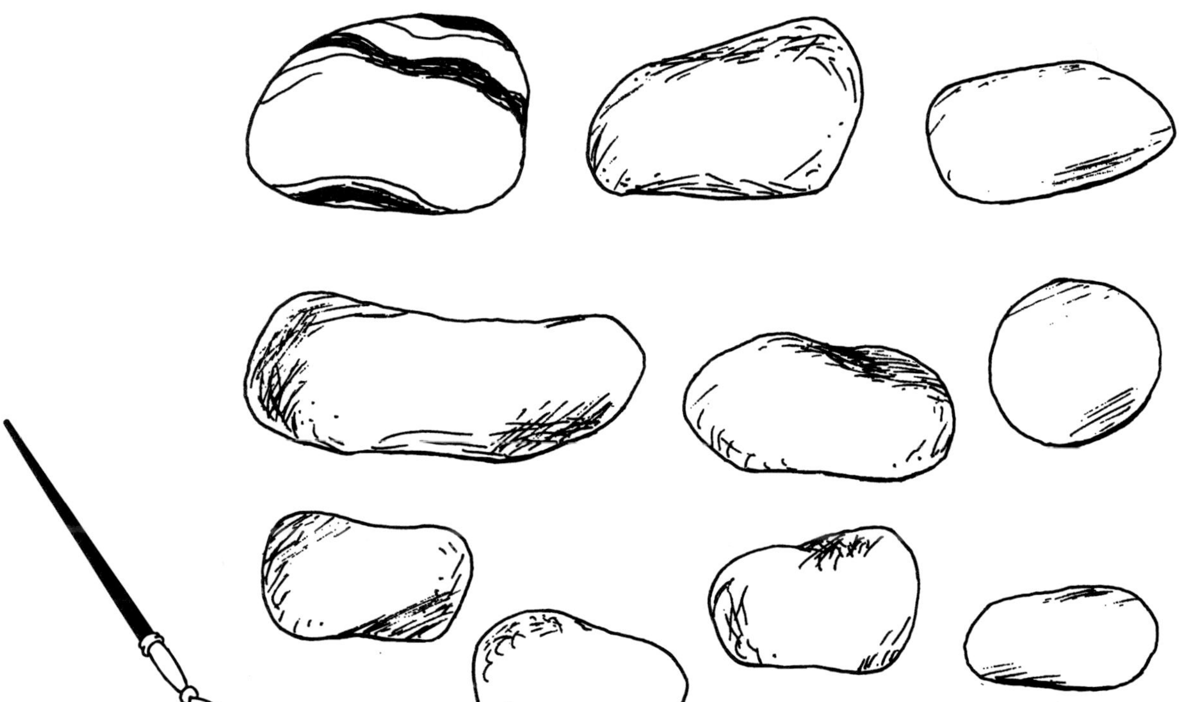

Ölfarben selbst herstellen

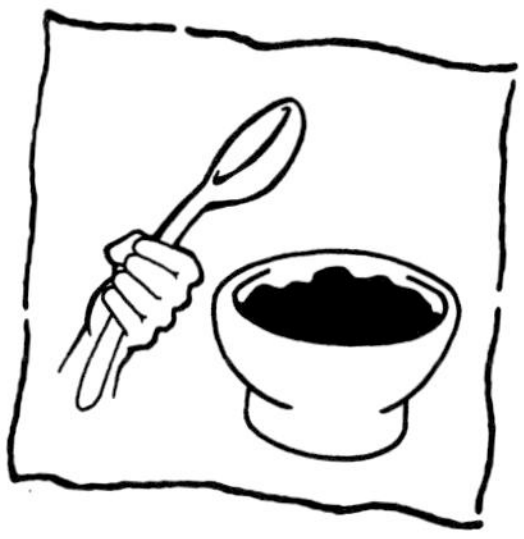

Stellt Ölfarbe selbst her.

Das braucht ihr:

- Farbpulver
- Sonnenblumenöl
- kleine Schüsseln
- Esslöffel
- kleine Marmeladengläser

So geht es:

1. Vermengt einen Esslöffel Farbpulver mit der gleichen Menge Öl in einer Schüssel.

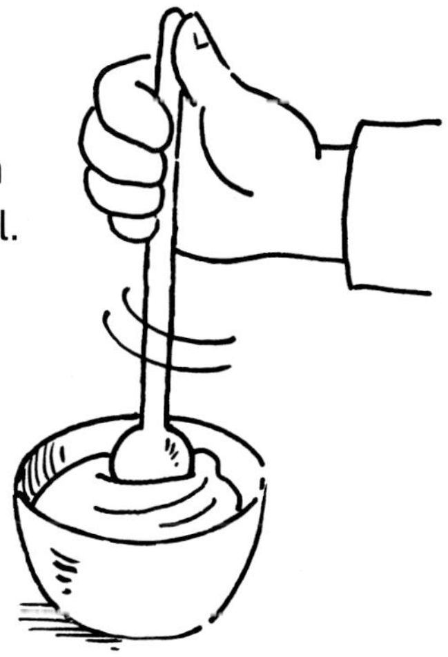

2. Mischt auf diese Weise zwei bis drei Farben. Nehmt jedes Mal eine neue Schüssel.
3. Füllt die Farben vorsichtig in kleine Marmeladengläser.

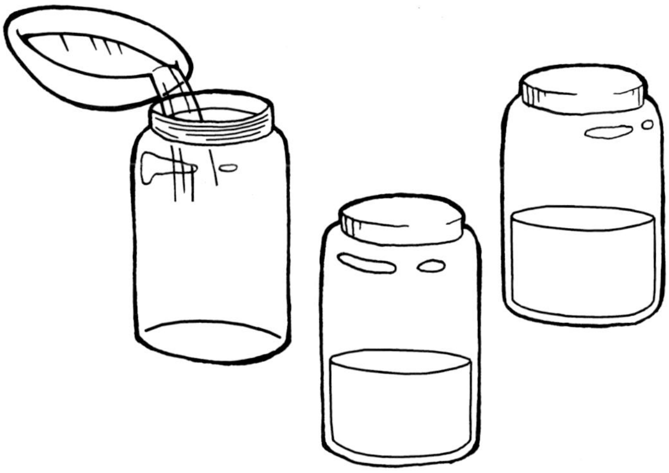

4. Benutzt die Ölfarben zum Beispiel zum Marmorieren (siehe Arbeitsblatt „Marmorieren mit Ölfarben“ Seite 32).

Marmorieren mit Ölfarben

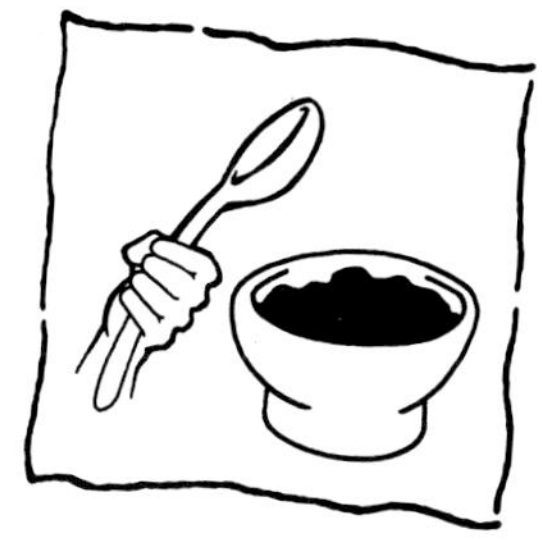

Info *Das Marmorieren ist eine Technik, mit der ihr unzählige farbige, ineinander verschlungene Muster herstellen könnt. Marmoriertes Papier könnt ihr zum Beispiel als Briefpapier verwenden.*

Gestaltet aus einem Blatt Papier ein einzigartiges Kunstwerk.

Das braucht ihr:

- Ölfarben
- dünnen, weißen Karton
- flache Plastikwanne
- Schüsseln
- Esslöffel
- Kamm oder Gabel

So geht es:

1. Füllt die Plastikwanne bis zur Hälfte mit Wasser.
2. Kleckst ein paar Löffel von der selbstgemischten Ölfarbe (Seite 31) auf die Wasseroberfläche (Abb. 1). Verwendet pro Schale zwei bis drei Farben.
3. Zieht mit dem Kamm/der Gabel strudelartige Muster durch die Farben, sodass sie leicht ineinanderwirbeln (Abb. 2).
4. Legt vorsichtig ein etwa DIN-A4-großes Stück dünnen weißen Karton auf die Wasseroberfläche (Abb. 3).
5. Nehmt das Blatt wieder von der Oberfläche und legt es zum Trocknen aus (Abb. 4).

Hinweis: *Wasser und Öl vermischen sich nicht. Deshalb bleiben die farbigen Muster erhalten.*

Abb. 1

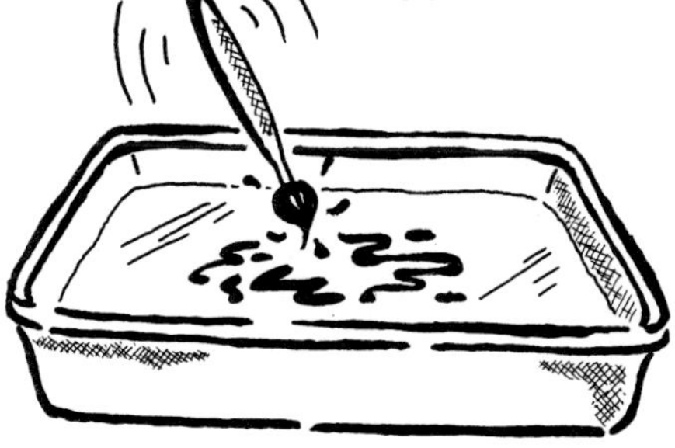

Abb. 2

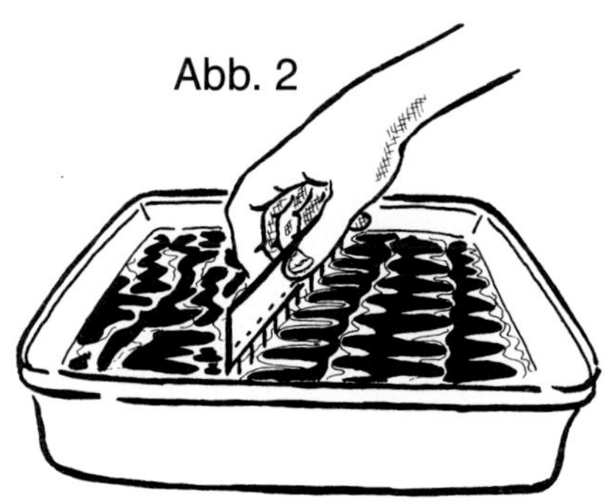

Abb. 3

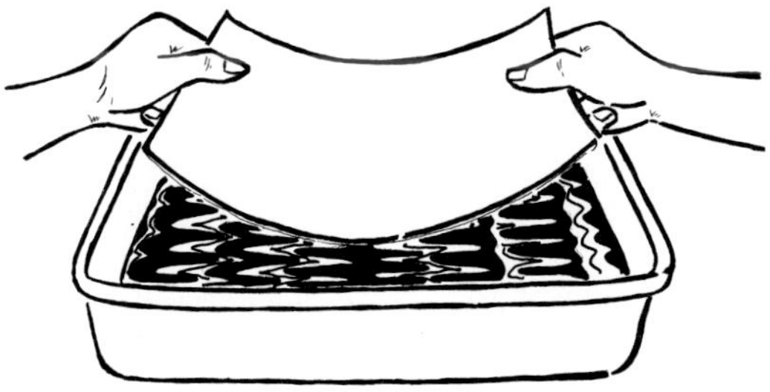

Abb. 4

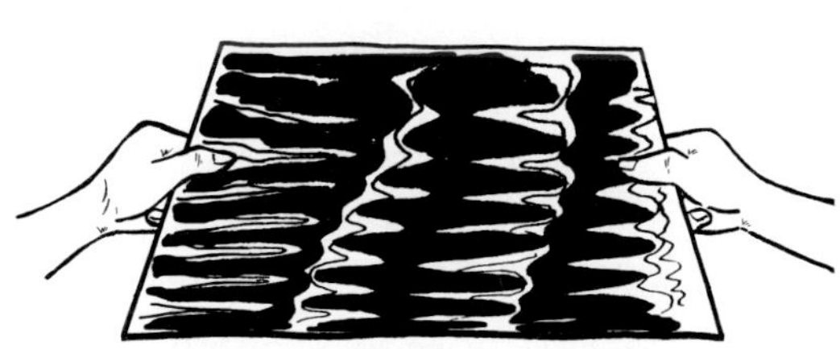

Pflanzenfarben selbst herstellen

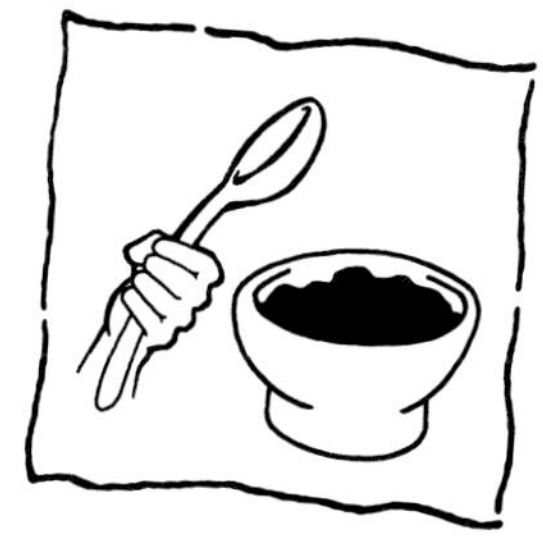

Info *Früher stellten die Menschen ihre Farbe zum Färben ihrer Stoffe aus Pflanzen, Mineralien oder tierischen Produkten her. Pflanzenfarbe gewannen sie aus der Natur, zum Beispiel aus Beeren, Wurzeln, Blüten oder Blättern.*

Stellt Pflanzenfarbe selbst her.

Das braucht ihr:

- verschiedene Zutaten (siehe Liste rechts)
- mehrere kleine Schälchen
- Messer
- Einmachgläser
- feines Sieb
- Wasserkocher oder Topf

So geht es:

1. Sammelt verschiedene Blüten, Kräuter und Wurzeln. Ihr könnt auch losen Tee oder Kaffee von zu Hause mitbringen.

Was färbt wie?

Gelb:	*Löwenzahnblätter, Birkenblätter, Kamilleblüten*
Rot:	*Rote Beete, Malventee, Hagebutten*
Blau/ Violett:	*Rotkohlblätter, Blaubeeren*
Braun:	*Schwarzer Tee, starker Kaffee, Zwiebelschalen*
Grün:	*Spinat, Brennnesselblätter*

2. Zerkleinert die entsprechende Zutat mit dem Messer und sortiert sie in verschiedene kleine Schälchen.
3. Bringt Wasser zum Kochen und gießt ein wenig davon in die Schälchen.

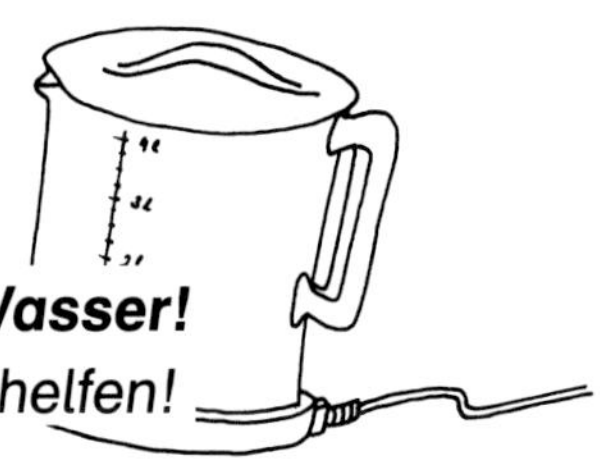

Vorsicht mit dem heißen Wasser!
Hier muss ein Erwachsener helfen!

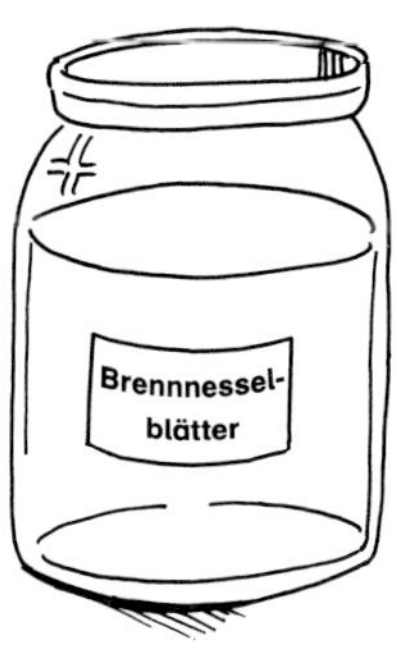

4. Nach einiger Zeit entsteht ein Farbsud.
5. Gießt den Sud durch ein feines Sieb in ein Einmachglas.
6. Beschriftet das Glas mit dem Namen der Zutat.

***Hinweis:** Du kannst diese Farbe zum Färben verwenden, zum Beipiel zum Batiken, aber nicht zum Abdecken beim Malen.*

Batiken mit Pflanzenfarben

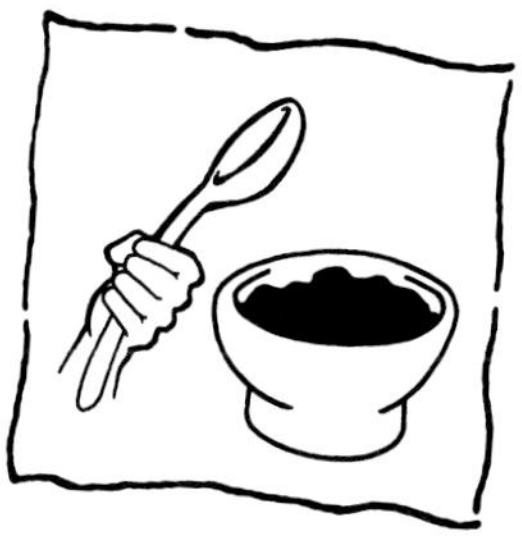

Nicht nur in eurem Farbkasten, sondern auch in der Natur gibt es viele verschiedene Farben.

Batikt ein Stück Stoff mit Pflanzenfarben.

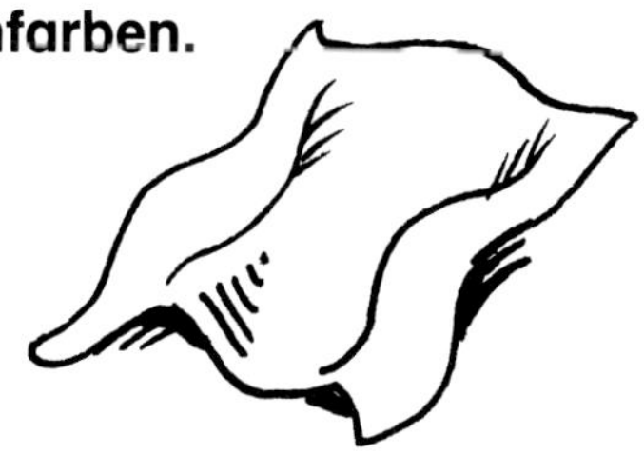

Das braucht ihr:

- Pflanzenfarben-sud von Seite 33
- weißen Baumwoll-stoff (zum Beispiel Bettlaken)
- Bindfaden
- Schere
- Eimer
- eventuell Essig

So geht es:

1. Schneidet mehrere Stücke Stoff zu Quadraten zurecht.
2. Sucht euch einige Bereiche des Stoffes aus und bindet diese mit einem Bindfaden ab (Abb. 1). Knotet den Bindfaden ganz fest zusammen!
3. Lasst den gesamten Stoff etwa 30 Minuten in dem Farbsud einweichen (Abb. 2).
4. Wenn der Stoff gewaschen werden soll, müsst ihr ihn zusätzlich in Essigwasser legen, um die Farbe zu fixieren.
5. Wartet, bis der Stoff ziemlich trocken ist, entfernt die Bindfäden und lasst ihn ganz durchtrocknen (Abb. 3).

***Hinweis:** Ihr könnt den gleichen Stoff anschließend noch einmal anders färben. Umwickelt wieder einige Teile mit Bindfäden und wiederholt den Vorgang mit einer anderen Farbe.*

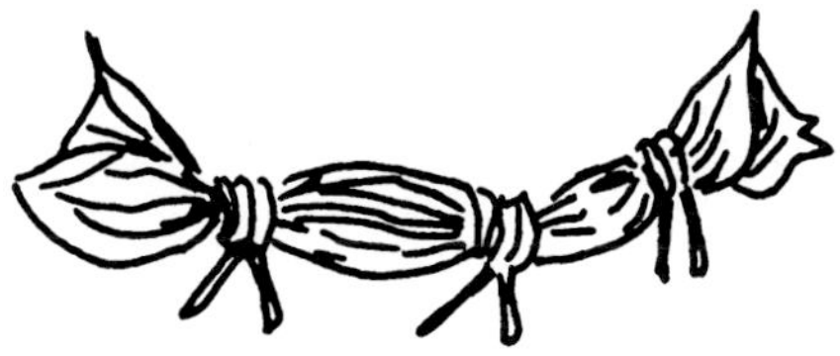

Abb. 1

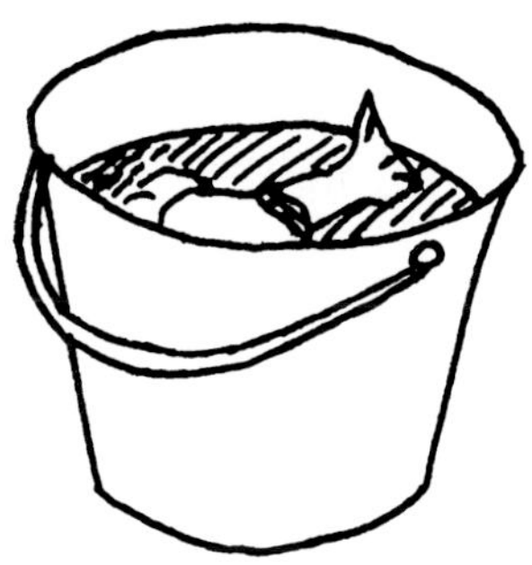

Abb. 2

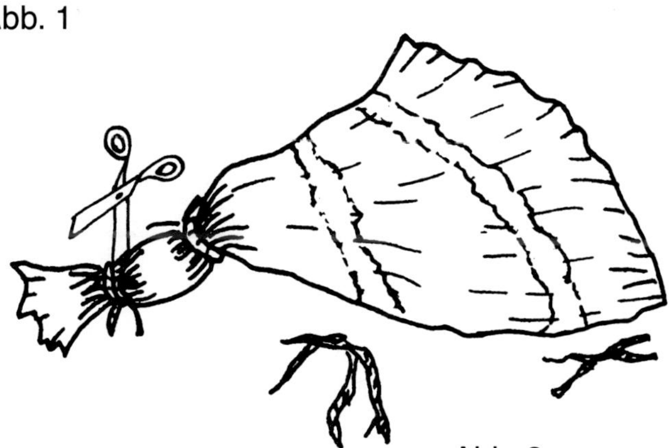

Abb. 3

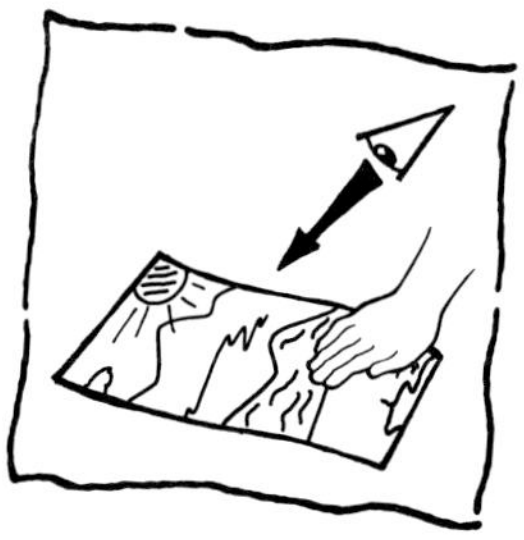

Welche Farbe passt zu mir? (1/2)

Zu jedem Menschen passen bestimmte Farben am besten. Welche Farbe steht dir gut? Finde es mit diesem Experiment heraus!

Das brauchst du:

- Foto von dir
- Schere
- Kleber
- Farbkasten
- Pinsel
- Gefäß mit Wasser

So geht es:

1. Schneide deinen Kopf aus dem Foto aus.
2. Halte deinen Kopf an ein T-Shirt auf Seite 36. Lass dir den Bilderrahmen und das T-Shirt etwas größer/kleiner kopieren, falls dein Kopf zu groß oder zu klein ist.
3. Klebe deinen Kopf in die obere Hälfte des Bilderrahmens.
4. Bemale jedes T-Shirt (Seite 36) in einer anderen Farbe.
5. Schneide alle T-Shirts aus und halte sie an dein Foto.
6. Welche Farbe steht dir am besten?

____

7. Klebe das T-Shirt, das dir am besten gefällt, an deinen Kopf.

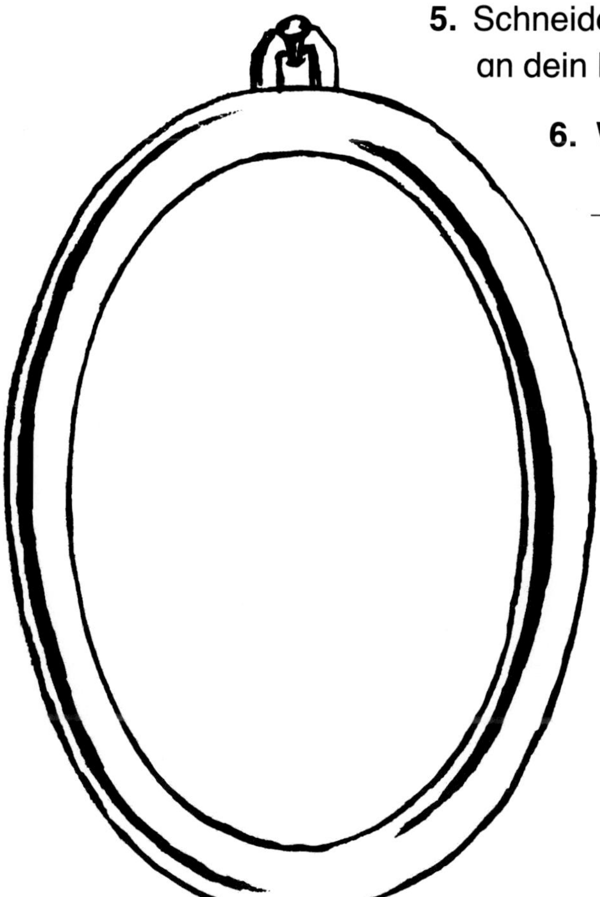

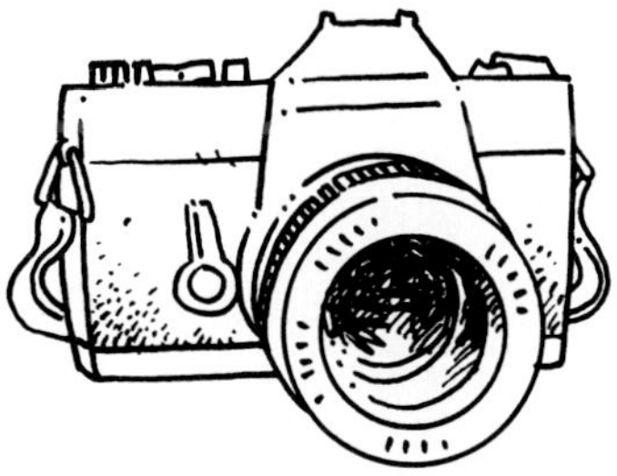

Welche Farbe passt zu mir? (2/2)

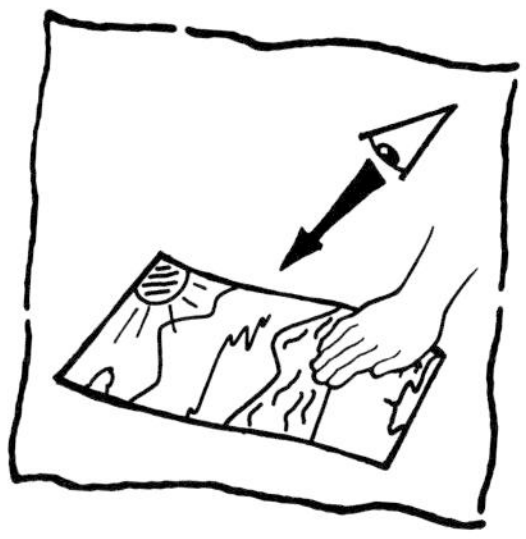

- **Bemale jedes T-Shirt in einer anderen Farbe.**
- **Schneide alle T-Shirts aus.**

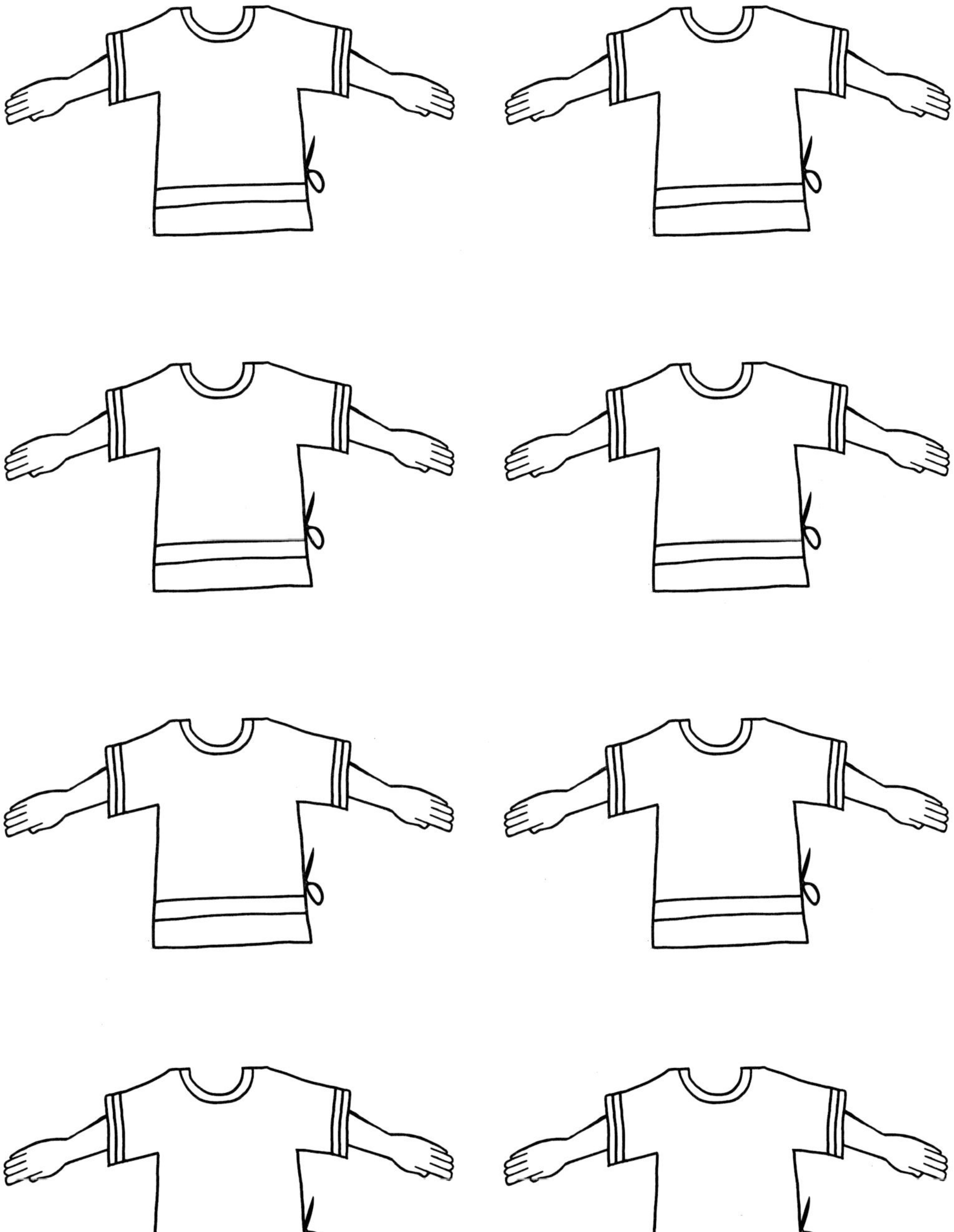

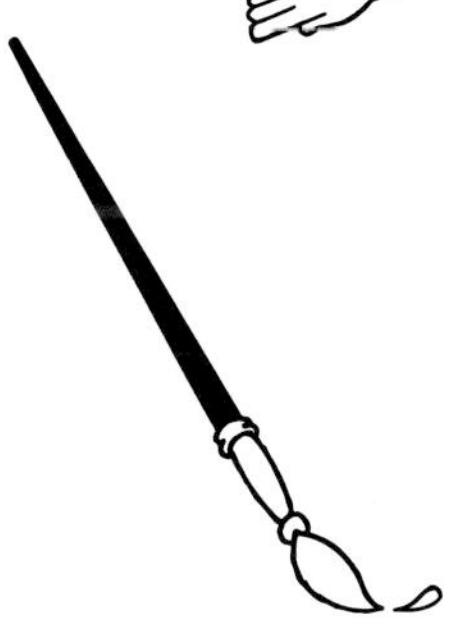

Lieblingsfarben

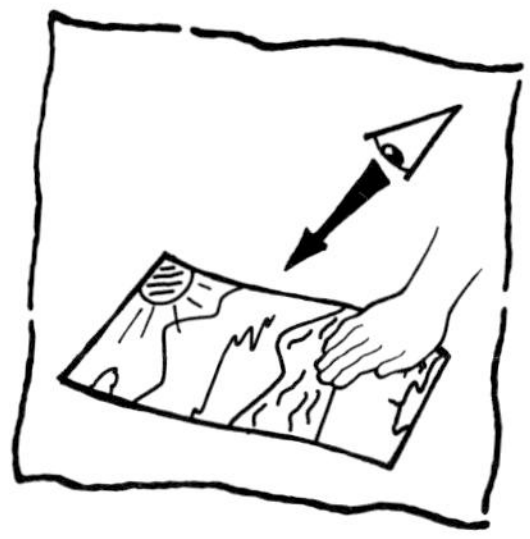

Alle Kinder haben eine oder mehrere Lieblingsfarben. Kennst du die Lieblingsfarben deiner Mitschüler?

Spielt ein kleines Ratespiel.

Das braucht ihr:

- Farbkasten
- Pinsel
- Gefäß mit Wasser

So geht es:

1. Bildet eine kleine Gruppe (etwa 3–6 Kinder).
2. Jedes Kind aus der Gruppe malt das untere Muster in seinen drei Lieblingsfarben aus.

   Wichtig: *Schaut beim Ausmalen nicht den anderen in der Gruppe zu.*
3. Legt die ausgemalten Muster verdeckt auf den Tisch und vermischt sie.
4. Deckt die Muster auf und erratet, wer welches Muster ausgemalt hat.

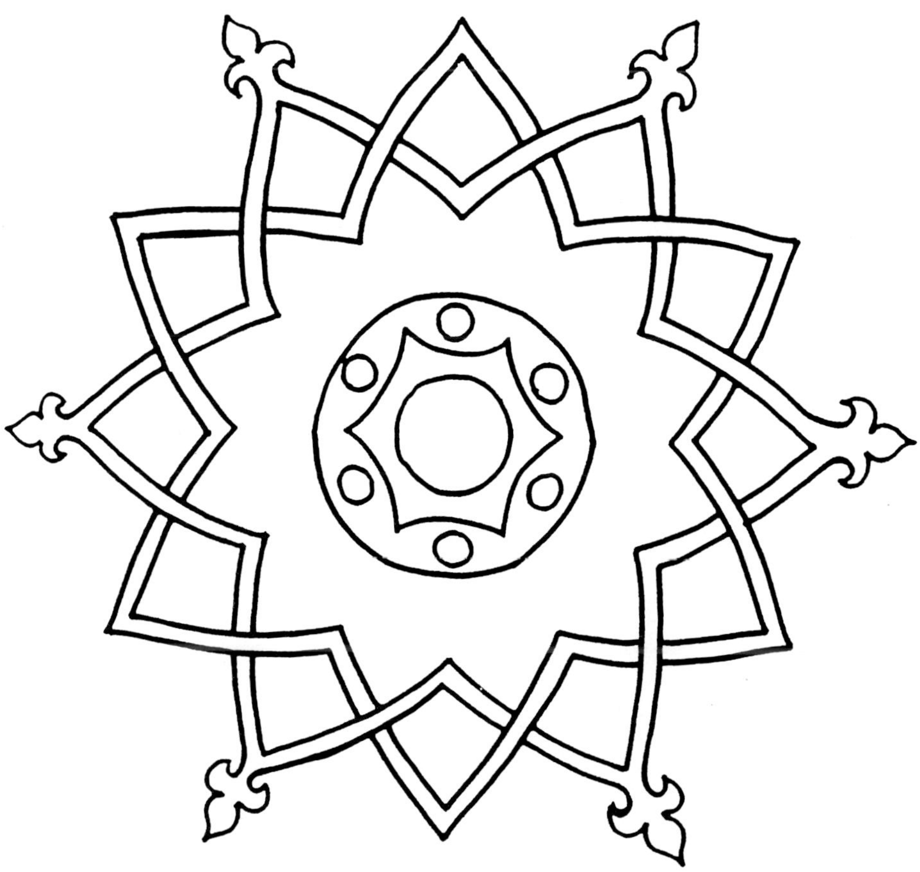

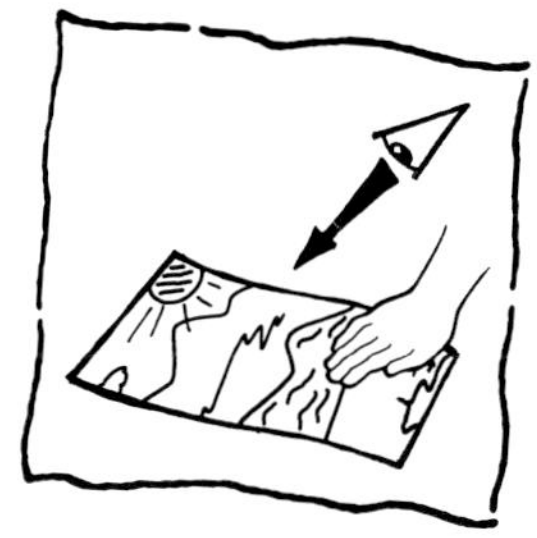

Farben ertasten

Farben kann man nicht nur sehen.
Bei einigen Materialien denkt man sofort an eine bestimmte Farbe.

Findet heraus, wie sich die verschiedenen Farben anfühlen könnten.

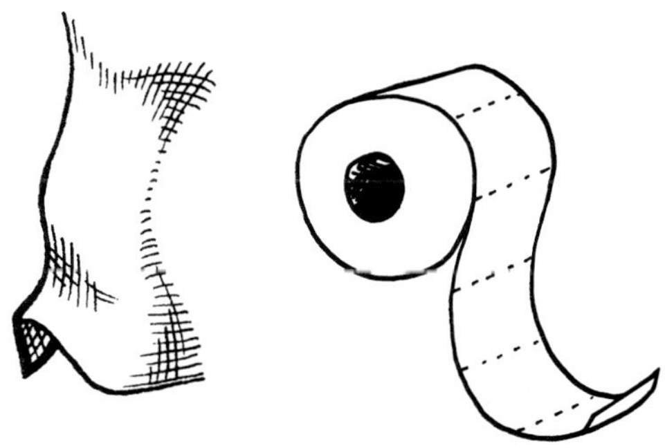

Das braucht ihr:

- Verpackungsreste, Stoffe, Papiere (zum Beispiel: Weiß = Toilettenpapier, Rosa = Watte, Violett = Samt)
- Kleber
- Schere
- Pappe
- Augenbinde

So geht es:

1. Setzt euch zu zweit zusammen.
2. Schneidet die Materialien zu Quadraten und klebt sie auf Pappe.
3. Der eine verbindet dem anderen die Augen.
4. Der „Blinde“ nimmt die Quadrate nacheinander in die Hand und errät, welche Farbe sie haben.
5. Der Partner sagt ihm, ob es stimmt.
6. Tauscht nachher die Rollen.

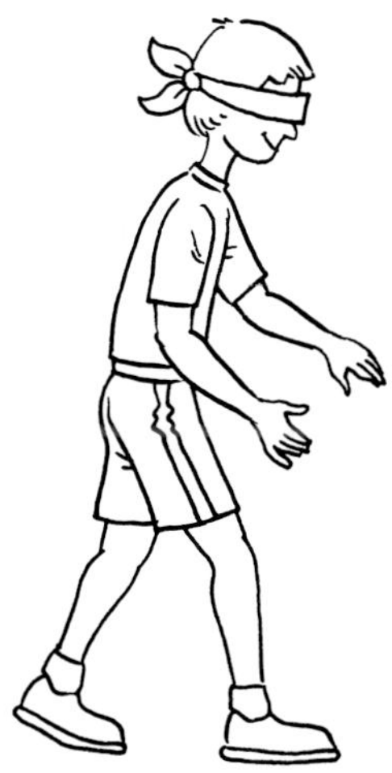

© Verlag an der Ruhr | Postfach 102251 | 45422 Mülheim an der Ruhr | www.verlagruhr.de | ISBN 3-8346-0085-7

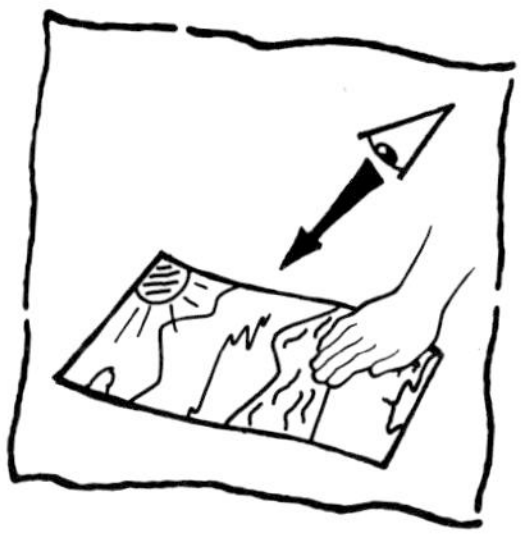

Farben riechen

Das brauchst du:

- Farbkasten
- Pinsel
- Gefäß mit Wasser

Bei einigen Gerüchen musst du oft auch an Farben denken.

- **Lies die Fragen.**
- **An welche Farben denkst du bei den Gerüchen? Male die passenden Farben in die Kästen.**

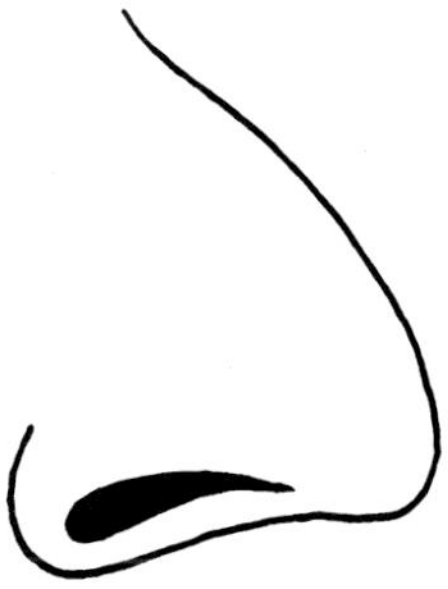

Zum Beispiel:
Wie riecht ein angebrannter Braten?

Wie riecht das Meer?

Wie riechen Abgase?

Wie riecht der Frühling?

Wie riecht Schnee?

Wie riecht Holz?

Wie riecht eine Rose?

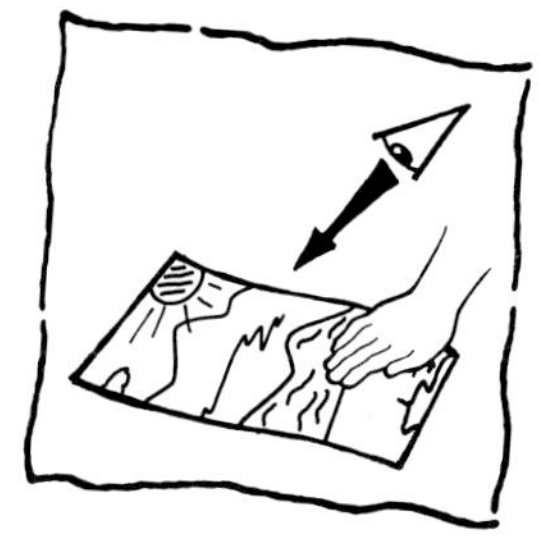

Farben hören

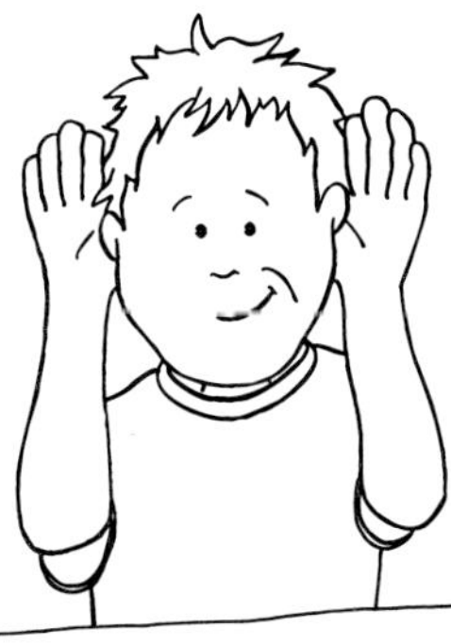

Info *In der Musik gibt es verschiedene Töne. Es gibt Menschen, die Farben hören und sehen können, wie zum Beispiel der russische Maler Wassily Kandinsky (1866 – 1944).*

Das brauchst du:

- CD-Player
- CD mit klassischer Musik
- Zeichenblock
- Farbkasten
- Pinsel
- Gefäß mit Wasser

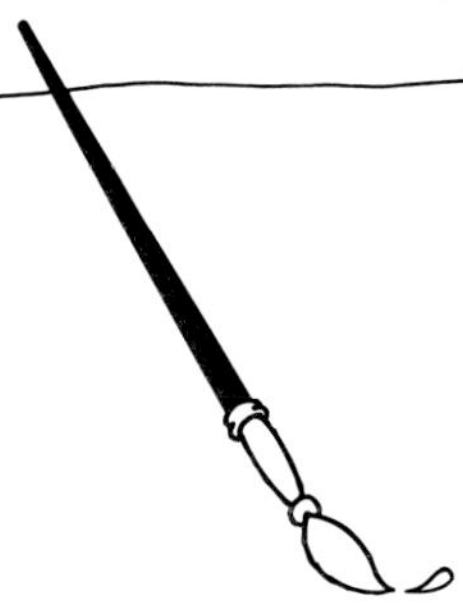

Male ein Bild zu den Klängen der Musik.

So geht es:

1. Höre dir ein klassisches Musikstück an (zum Beispiel von Mozart, Vivaldi oder Beethoven).
2. Achte beim Hören genau auf den Verlauf des Stückes. Wann ist es laut, wann leise, schnell, dumpf und so weiter?
3. Ordne den verschiedenen Takten/Klängen Farben zu:

   Zum Beispiel:
   laut = Orange, **schrill** = Pink (Magenta), **weich** = Grün, **leise, ruhig** = Grau, **dumpf** = Grau-Braun, **klar** = Blau.

4. Male ein Bild passend zum Musikstück in diesen Farben in den Kasten oder auf deinen Zeichenblock.

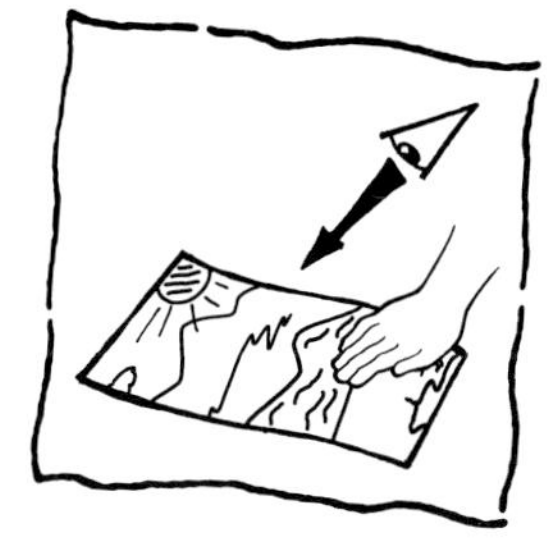

Farben schmecken

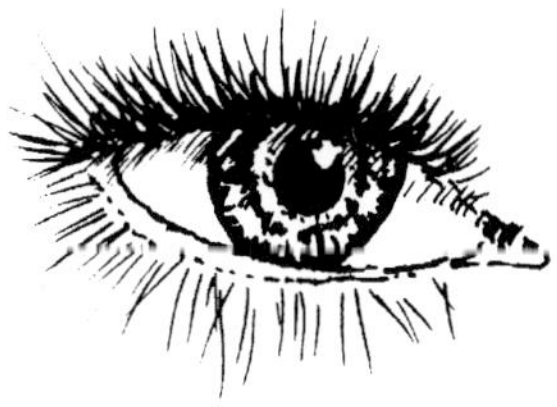

Info *Unreifes Obst oder Gemüse ist grün und schmeckt nicht. Verdorbenes Essen schimmelt grün oder blau. Das Auge isst immer mit! Würdest du grünen Ketchup essen?*

Male Obst in richtigen und in falschen Farben an.

Das brauchst du:

- Farbkasten
- Pinsel
- Gefäß mit Wasser

So geht es:

1. Male das rechte Stück Obst mit der richtigen Farbe aus.
2. Male das linke Stück Obst mit einer unpassenden Farbe aus.
3. Welches Stück Obst würdest du lieber essen: das linke oder rechte? Kreuze an.

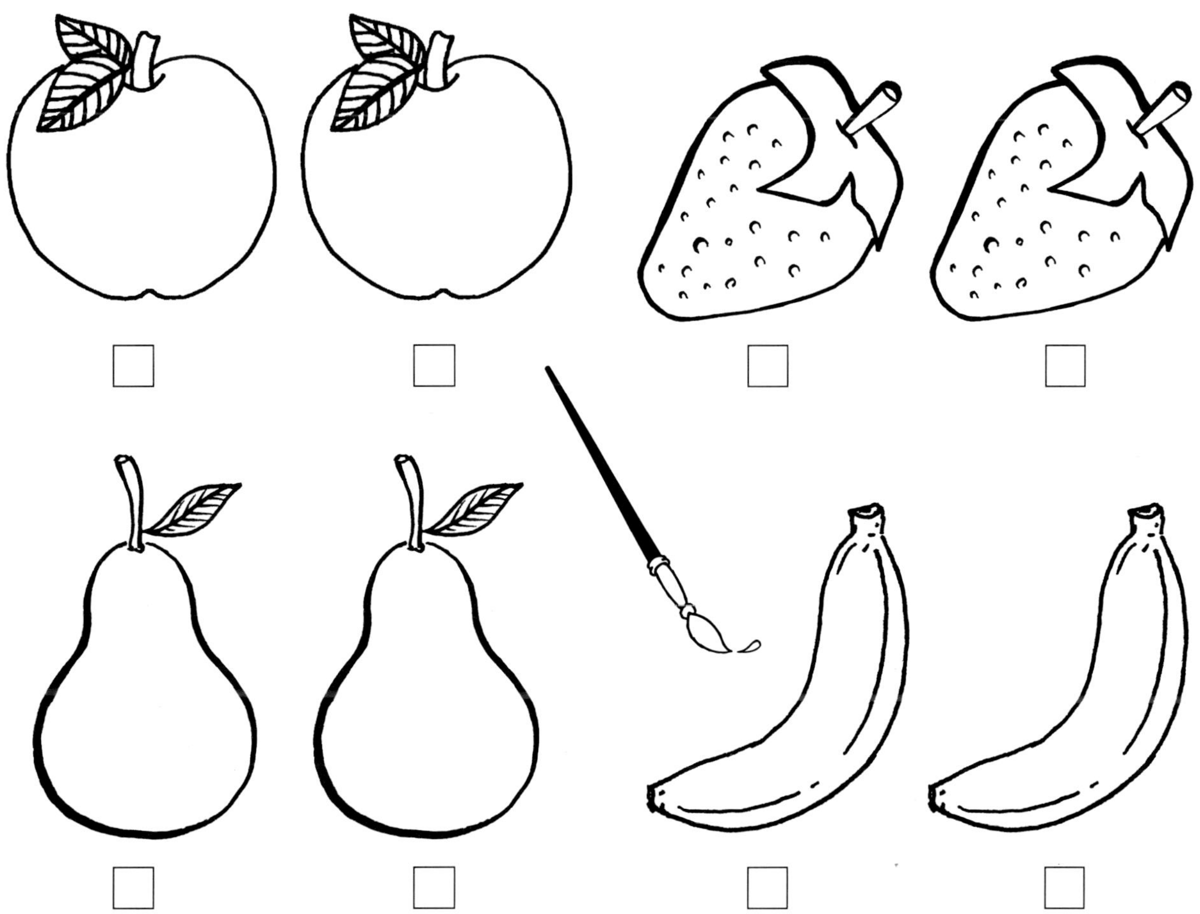

Farbe und Zeichen

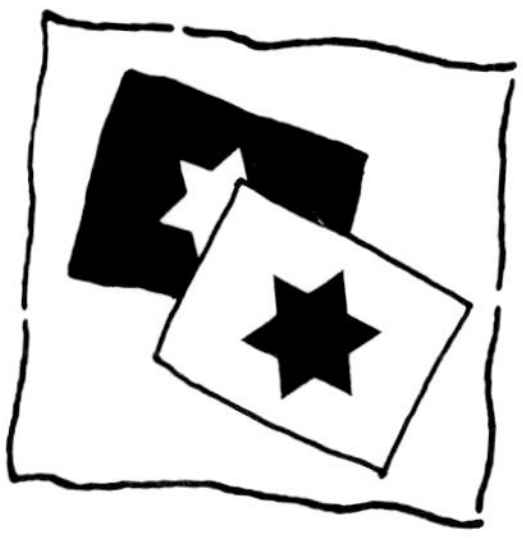

Info *Jede Farbe hat eine bestimmte Wirkung auf dich. Rot ist eine Signalfarbe, sie warnt dich. Bei Grün darfst du gehen, Autos und Fahrräder dürfen fahren. Schwarz und Gelb sollen abschrecken und warnen. Die Menschen haben sich einige Farbwirkungen von den Tieren abgeguckt.*

Das brauchst du:

- Filzstifte oder andere bunte Stifte

- **Male die Verkehrsschilder in den richtigen Farben aus.**
- **Kennst du ein Tier, das eine ähnliche Farbe hat wie das Schild/die Ampel? Schreibe den Namen des Tieres unter das Schild.**

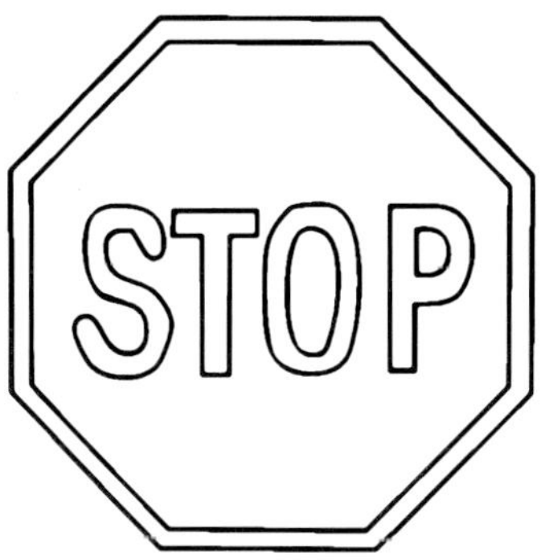

Tier: ____________________

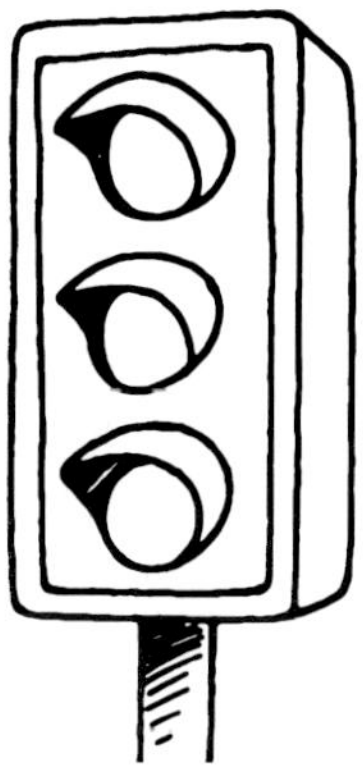

Tier: ____________________

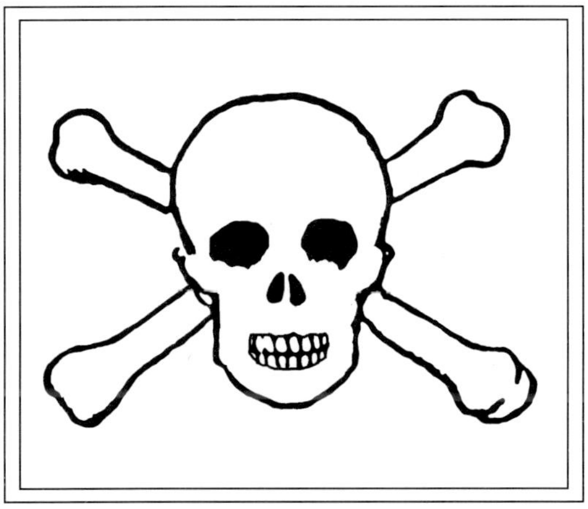

Tier: ____________________

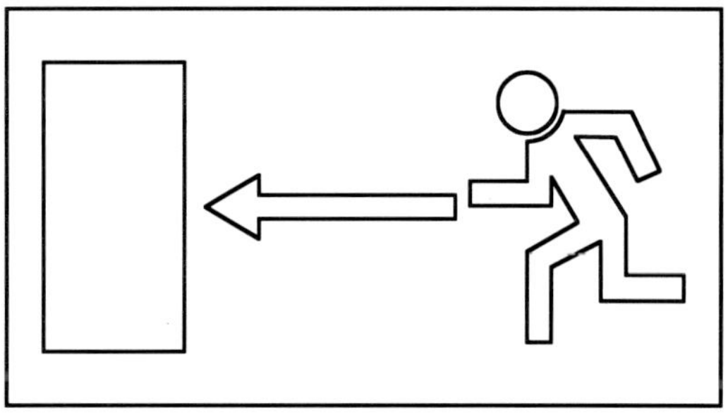

Tier: ____________________

Eine Ampel – einmal anders

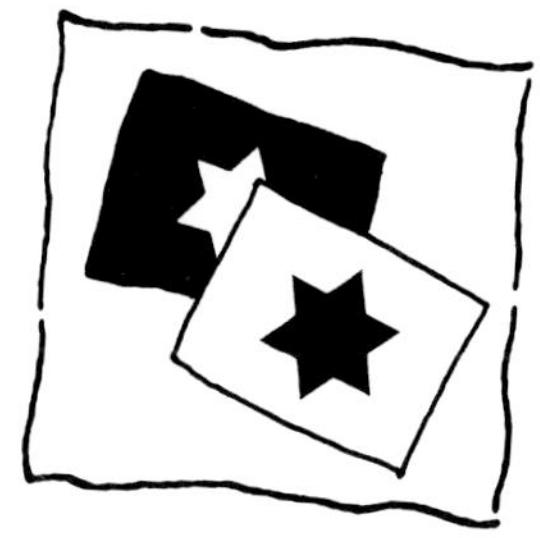

Das brauchst du:

- Filzstifte oder andere bunte Stifte

- **Stelle dir vor, die Ampelmännchen an der Fußgängerampel wären nicht rot und grün, sondern hätten ganz andere Farben.**
- **Suche dir unpassende Farben aus und male die Ampelmännchen damit an.**
- **Wie wirken die veränderten Ampeln auf dich? Schreibe es neben die Ampeln.**

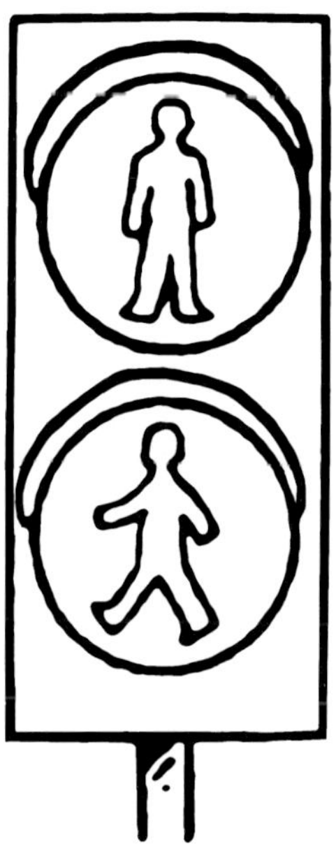

So wirkt diese Ampel auf mich:

____

____

____

____

____

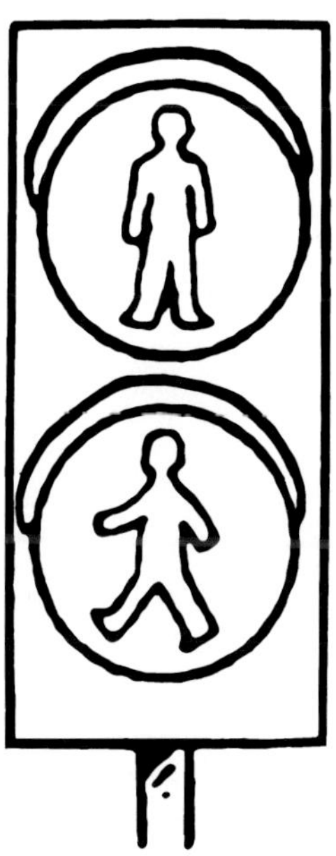

So wirkt diese Ampel auf mich:

____

____

____

____

____

Andere Farbe – andere Wirkung

Alles um dich herum hat seine gewohnte Farbe. Eine Banane ist gelb, Gras ist grün und eine Apfelsine ist orange. Was aber passiert, wenn die Banane plötzlich lila ist und das Gras blau?

Das brauchst du:

- Farbkasten
- Pinsel
- Gefäß mit Wasser

- **Male das Kaninchen braun an.**
- **Male den Hintergrund (das Gras) blau, gelb oder orange an.**
- **Was denkst du, wenn du das Kaninchen auf der Wiese betrachtest?**

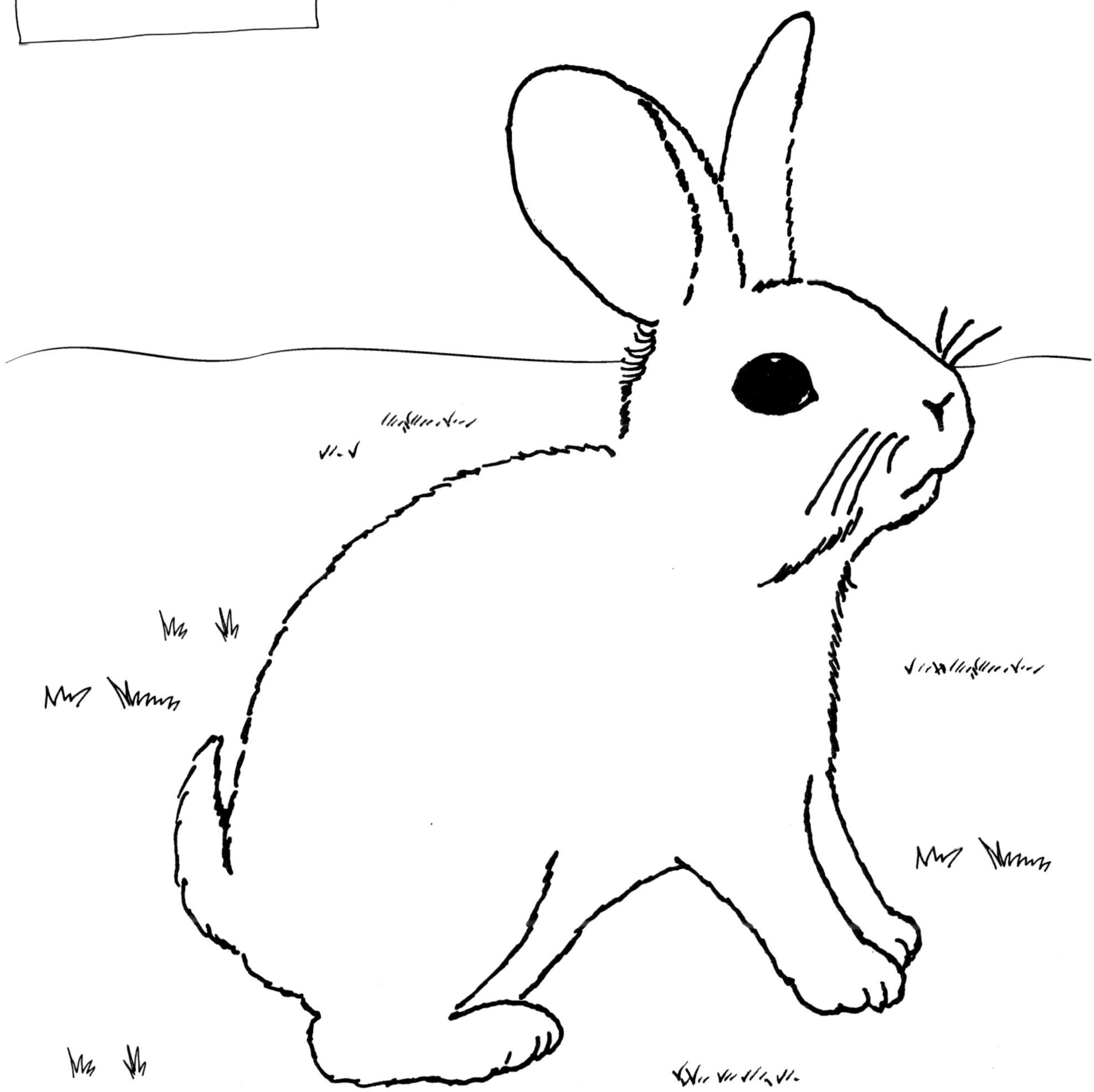

Kalte und warme Farben

Durch kalte und warme Farben
kannst du eine Perspektive erzeugen.

Das brauchst du:

- Farbkasten
- Pinsel
- Gefäß mit Wasser

- **Male das linke Quadrat rot und den Kreis in der Mitte blau an.**
- **Male das rechte Quadrat blau und den Kreis in der Mitte rot an.**
- **Was scheint mit den Kreisen zu passieren? Kreuze an.**

☐ Der blaue Kreis kommt auf mich zu. Der rote Hintergrund scheint ganz weit entfernt zu sein.

☐ Der rote Kreis kommt auf mich zu. Der blaue Hintergrund scheint ganz weit entfernt zu sein.

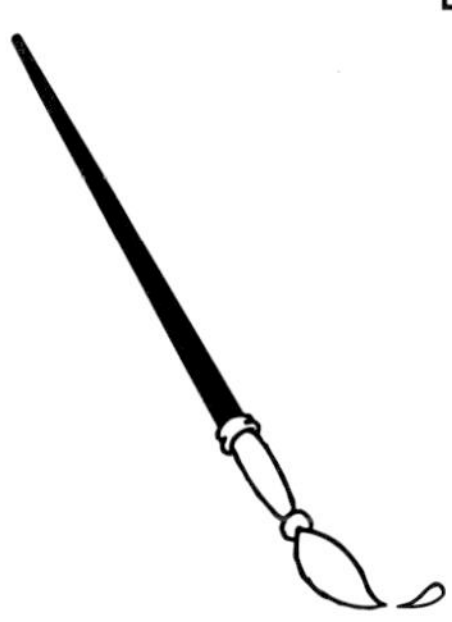

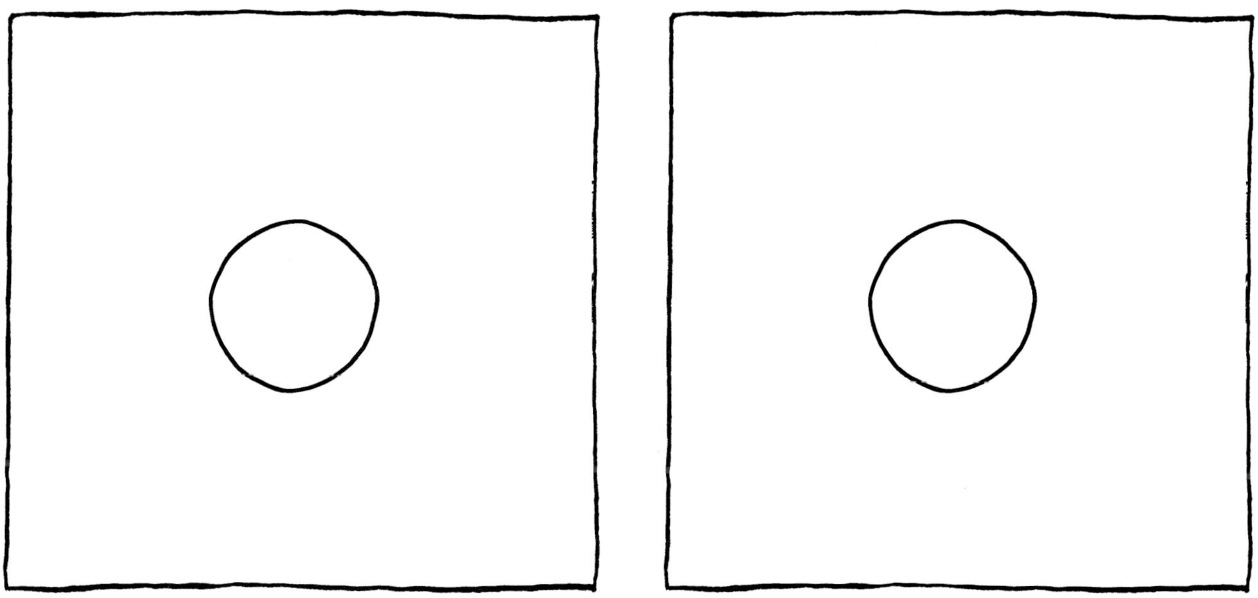

Abgetönte Farben

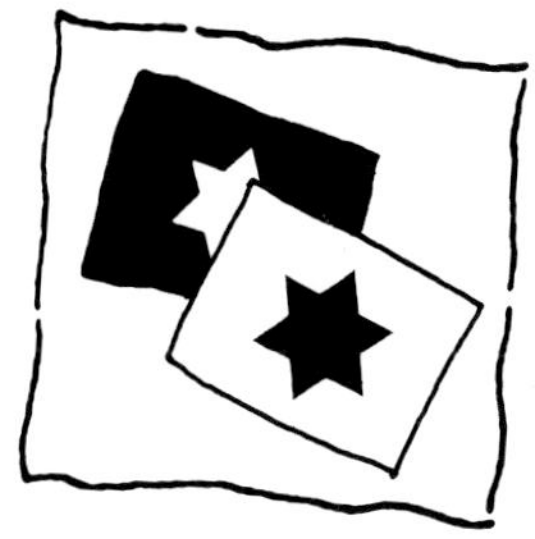

Info *In der Nähe wirken Farben klar.*
In der Ferne verblassen sie.

Auf deinem Zeichenblock kannst du mit einem Trick arbeiten. Wenn du die Farben für die weiter hinten liegenden Stellen mit Grau abtönst, sind sie blasser und wirken weiter entfernt.

Male die Wüstenlandschaft an und schaffe dabei Perspektive.

Das brauchst du:

- Farbkasten
- Pinsel
- Gefäß mit Wasser

So geht es:

1. Wähle eine Farbe für die Wüstenlandschaft.
2. Male die vorderen Bereiche des Bildes in der Farbe an.
3. Mische bei den weiter entfernten Bereichen etwas Grau und bei den ganz hinten liegenden Hügeln noch mehr Grau hinzu.

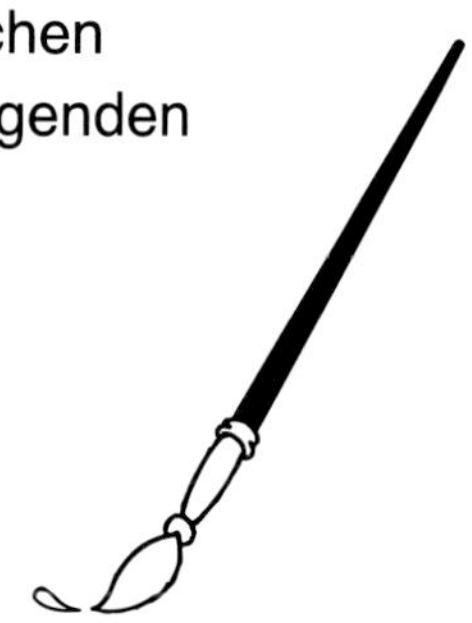

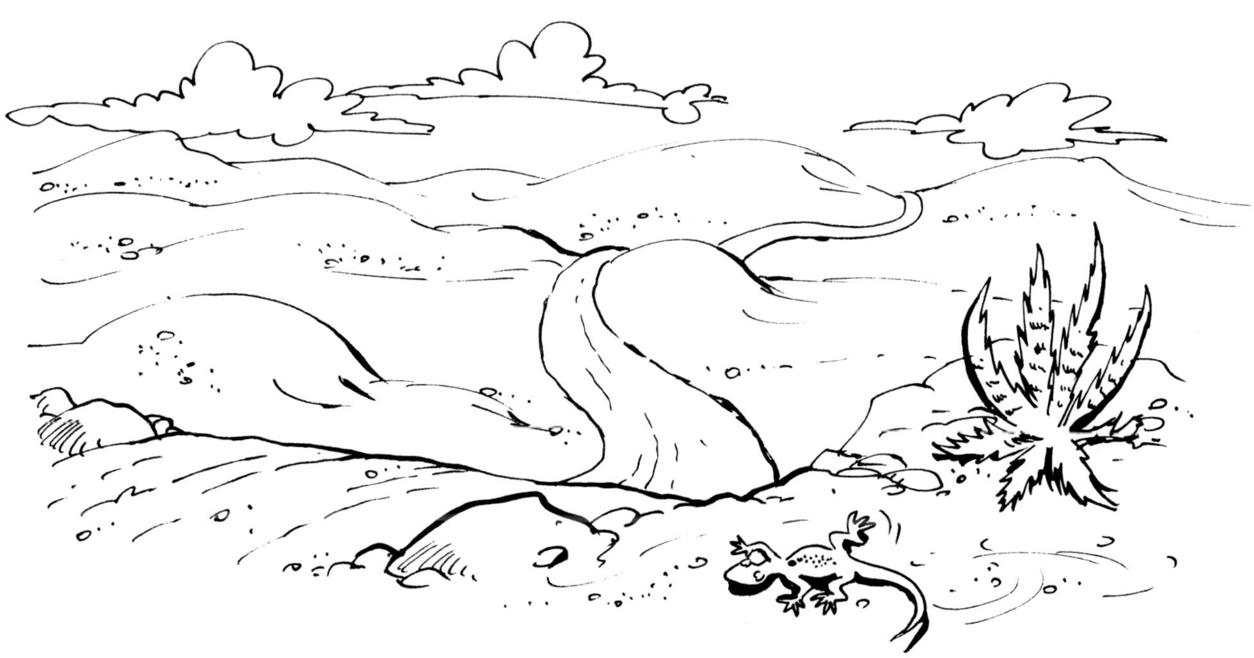

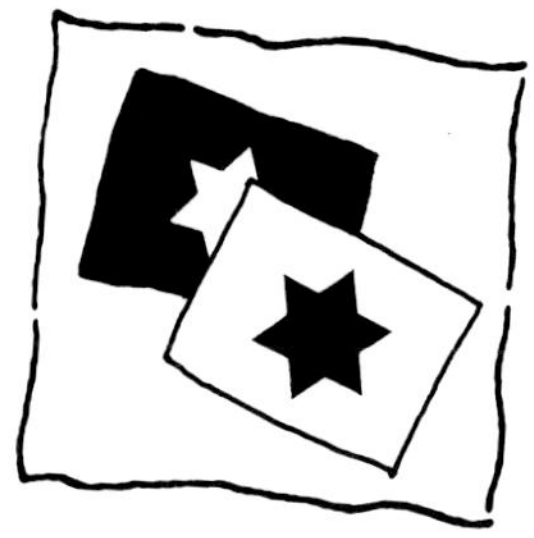

Farbe und Raum

Info *Farben beeinflussen dein Raumgefühl. Rot-Töne wirken warm und anregend und Blauviolett kann dich traurig stimmen. Blau- und Grün-Töne wirken kühl und beruhigend und Gelb- und Orange-Töne freundlich.*

Gestalte einen farbigen Raum.

Das brauchst du:

- Schuhkarton
- bunte Papiere
- Stoffe
- Verpackungen
- Materialien
- Plaka®- oder Fingerfarbe
- Pinsel
- Schere
- Kleber

So geht es:

1. Wähle ein Thema für deinen Raum. Zum Beispiel: Eisraum, Sonnenraum, Feuerraum, Traumraum …
2. Stelle den Karton auf die Seite (siehe unten). Male den Karton in verschiedenen Farbtönen an, die zu deinem Thema passen.
3. Beklebe den Karton mit verschiedenen Materialien oder Stoffen in passenden Farben.

   Hinweis: *Verwende für den Raum nur ähnliche Töne!*
4. Vergleiche deinen fertigen Raum mit dem deiner Mitschüler: Wie wirkt ein gelber Raum, wie wirkt ein blauer Raum …?

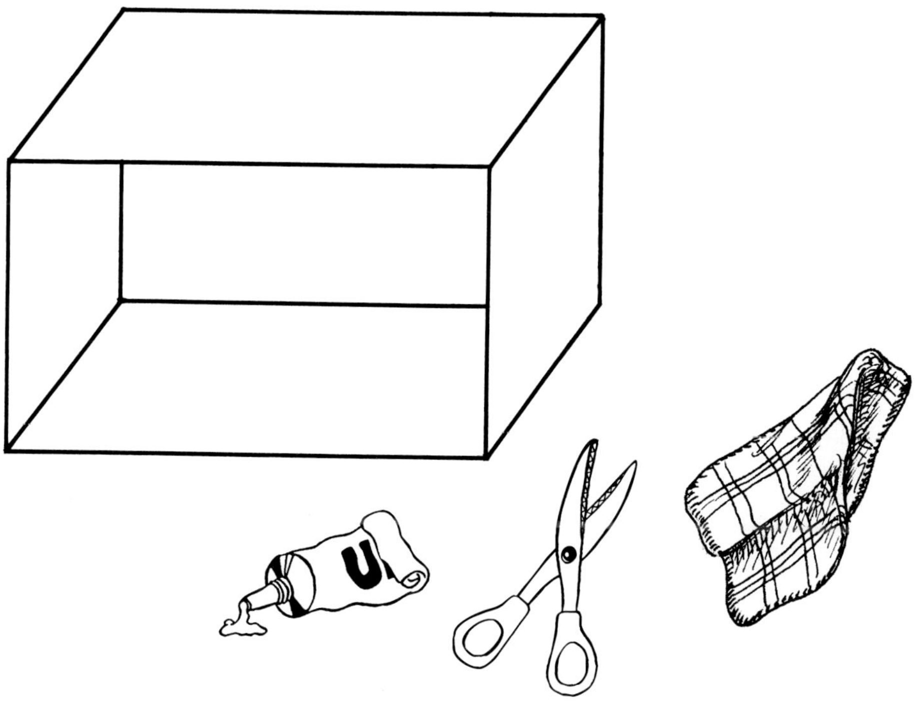

® Plaka ist eine eingetragene Marke der Pelikan AG.

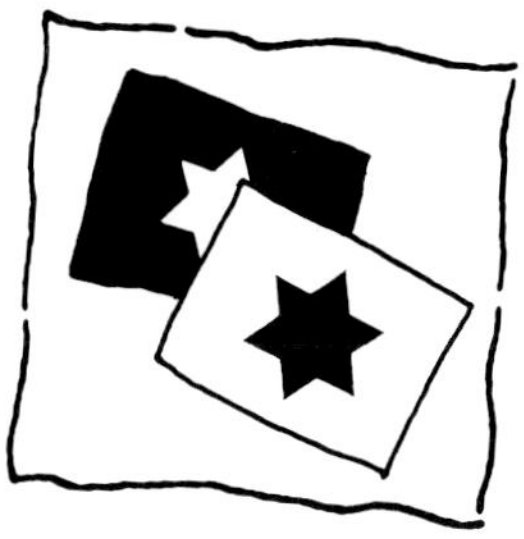

Eigenschaften-Memory®

Info *Begriffe und Gefühle können farbig dargestellt werden. Rot steht zum Beispiel für die Liebe und Gelbgrün für Neid.*

Sucht euch einen Partner und stellt zusammen ein Memory® her.

Das braucht ihr:

- festen Fotokarton
- Schere
- Farbkasten
- Pinsel
- Gefäß mit Wasser
- Geodreieck
- Bleistift
- Filzstift

So geht es:

1. Zeichnet mit dem Geodreieck 16 Quadrate (7 x 7 cm) auf einen festen Fotokarton.
2. Überlegt euch gemeinsam zu acht Gefühlen oder Begriffen passende Farben. Zum Beispiel: Liebe = Rot, Neid = Gelbgrün. Weitere Gefühle oder Begriffe sind zum Beispiel: Trauer, Zorn, Kitsch, Magie, Freude.
3. Malt je eine Memory®-Karte in der passenden Farbe zu dem Gefühl oder Begriff an.
4. Schreibt mit Filzstift auf die Gegenkarte den Namen des Gefühls oder Begriffs.
5. Spielt das Memory®.

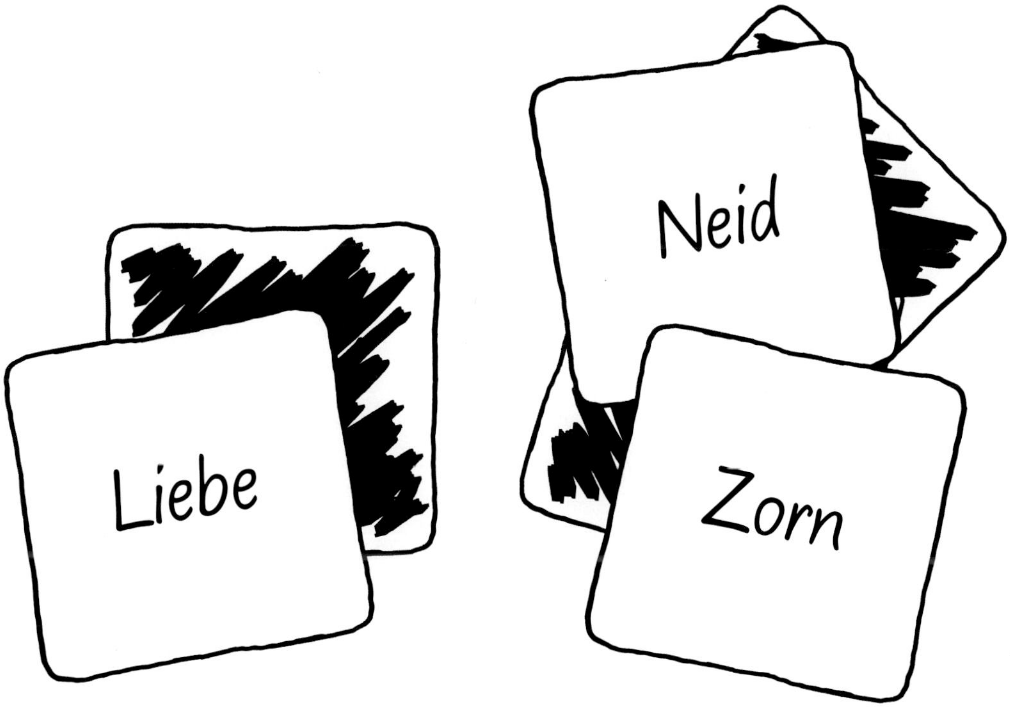

® *Memory ist eine eingetragene Marke der Ravensburger AG.*

„Farbige" Sprichwörter

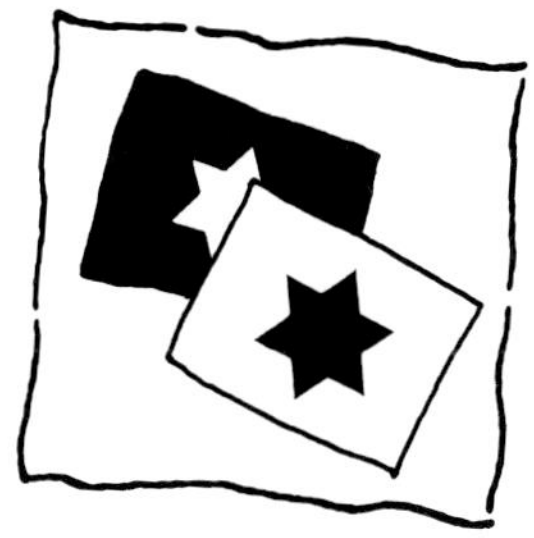

Info *Auch wenn du es oft gar nicht bemerkst: Farben begegnen dir ganz oft in deinem Leben. Die Eigenschaften der Farben kannst du oft in Sprichwörtern wiederfinden.*

Kennst du die Sprichwörter? Schreibe dahinter, was sie bedeuten.

Ich sehe rot! ______________________________

____

Wir fahren ins Blaue! ______________________________

____

Er wurde grün vor Neid. ______________________________

____

Er hat mal wieder „blau" gemacht. ______________________________

____

Ich ärgere mich schwarz! ______________________________

____

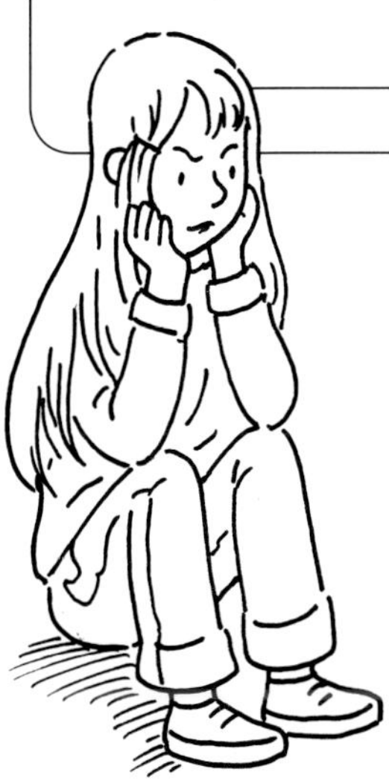

Welche „farbigen" Sprichwörter kennst du noch?

____

____

____

____

____

____

Hell-Dunkel-Kontrast

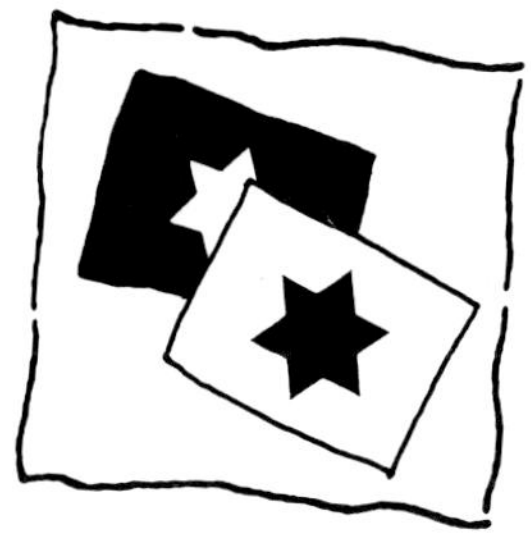

Info *Ein Kontrast entsteht immer dann, wenn mindestens zwei Gegensätze vorhanden sind. Du schaffst einen Hell-Dunkel-Kontrast, indem du helle und dunkle Farben nebeneinandersetzt. Die hellste und die dunkelste Farbe liegen sich im Farbkreis gegenüber.*

Das brauchst du:

- Zeichenblock
- Farbkasten
- Pinsel
- Gefäß mit Wasser

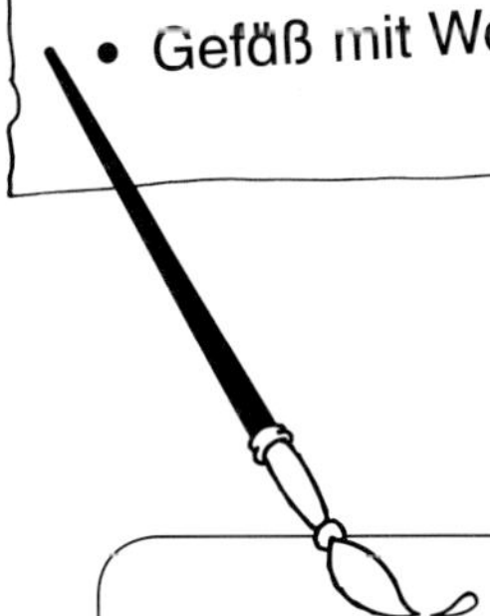

Male ein Bild, in dem ein Hell-Dunkel-Kontrast vorkommt, zu einem passenden Thema. Nimm den Farbkreis (Seite 65) zur Hilfe.

Mögliche Themen deines Bildes:

- Mondschein in der Nacht
- Straßenlaterne bei Nacht
- Leuchten in den Tiefen des Meeres

Schreibe die hellste Farbe und die dunkelste Farbe, die in deinem Bild vorkommen, darunter.

hellste Farbe: ____________________

dunkelste Farbe: ____________________

Kalt-Warm-Kontrast

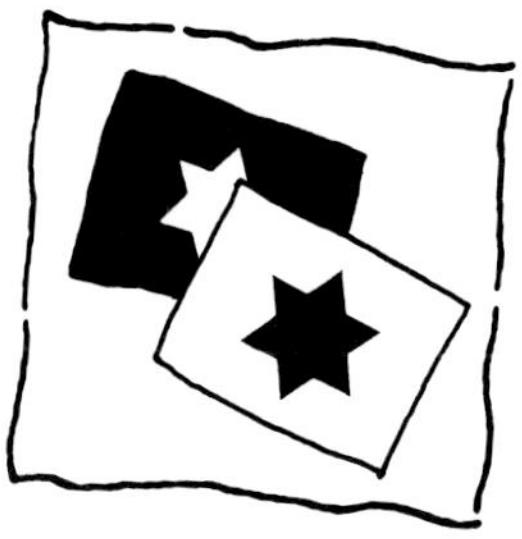

Info *Ein Kontrast entsteht immer dann, wenn mindestens zwei Gegensätze vorhanden sind. Du schaffst einen Kalt-Warm-Kontrast, wenn du kalte und warme Töne nebeneinandersetzt. Auf der rechten Hälfte des Farbkreises liegen die warmen Töne, auf der linken Hälfte die kalten.*
Warme Töne sind zum Beispiel: Rot, Orange und Rotviolett.
Kalte Töne sind zum Beispiel: Blau, Grün und Blauviolett.

Das brauchst du:

- Farbkasten
- Pinsel
- Gefäß mit Wasser

Bemale die Kästchen auf der linken Seite in kalten Farben und die Kästchen auf der rechten Seite in warmen Farben. Nimm den Farbkreis (Seite 65) zur Hilfe.

Hinweis: *Natürlich musst du nicht alle Felder ausmalen. Jeder kann eine Farbe anders empfinden. Wenn du ein bestimmtes Rot als warm empfindest, dann findet dein Freund es vielleicht eher kalt.*

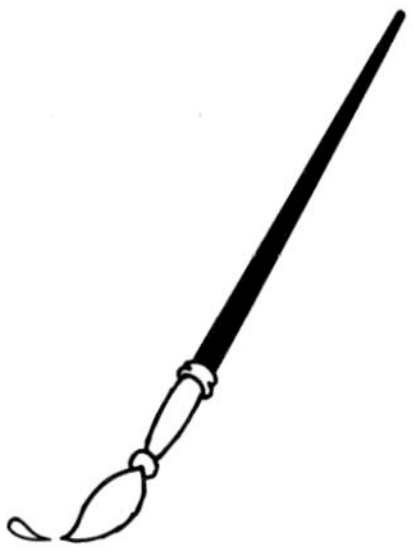

Optische Täuschung

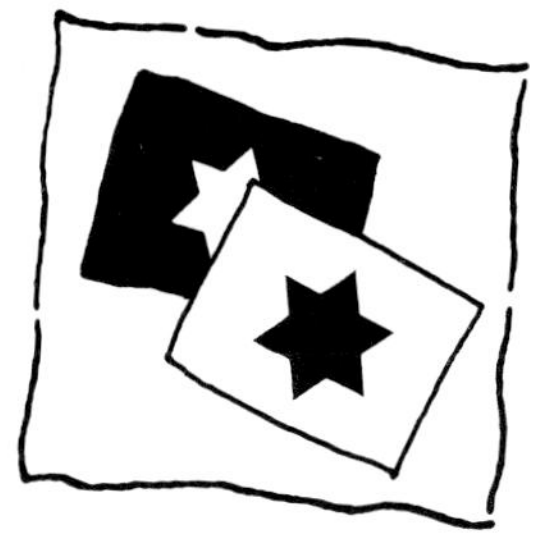

Stelle mit Kontrastfarben deine Wahrnehmung auf die Probe.

Das brauchst du:

- 2 weiße Pappen DIN A4
- Schere
- Zirkel
- Bleistift
- Plaka®- oder Fingerfarbe
- Pinsel
- Musterbeutel-klammer

So geht es:

Schwarz + Weiß
Rot + Grün
Gelb + Violett
Blau + Orange

1. Wähle aus folgenden Kontrastfarbpaaren ein Paar aus.
2. Ziehe mit dem Zirkel einen Kreis (12 cm Durchmesser) auf die eine weiße DIN-A4-Pappe.
3. Male nun den Kreis in der einen Kontrastfarbe aus und mit einem dicken Pinsel eine Spirale in der anderen Kontrastfarbe in den Kreis hinein (Abb. 1).
4. Schneide den Kreis aus.
5. Zeichne nun ein Schachbrettmuster auf die andere DIN-A4-Pappe. Male dazu jedes zweite Quadrat schwarz aus (Abb. 2).
6. Befestige den Kreis mit einer Musterbeutelklammer auf dem Schachbrett (Abb. 3).
7. Drehe den Kreis. Was passiert?

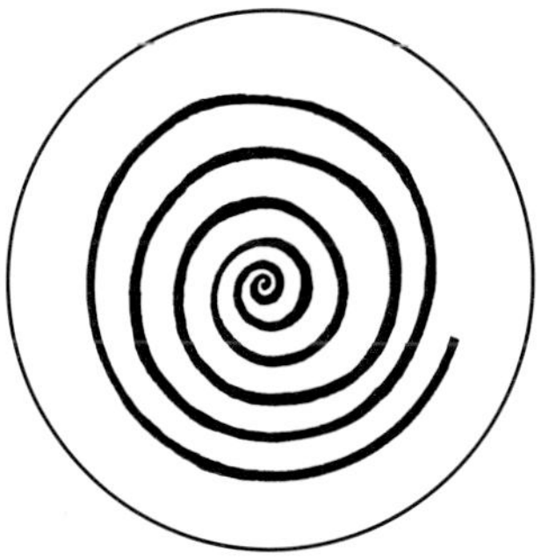

(Abb. 1)

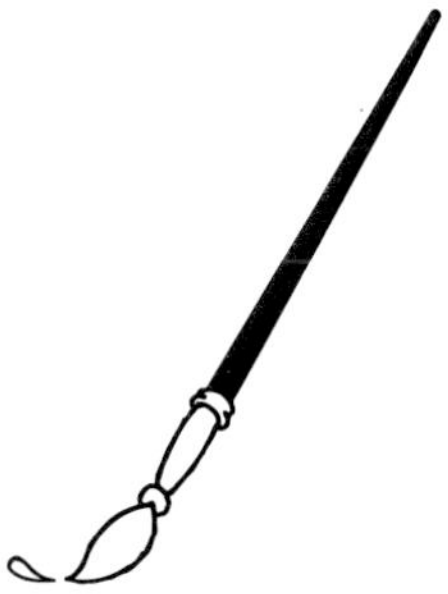

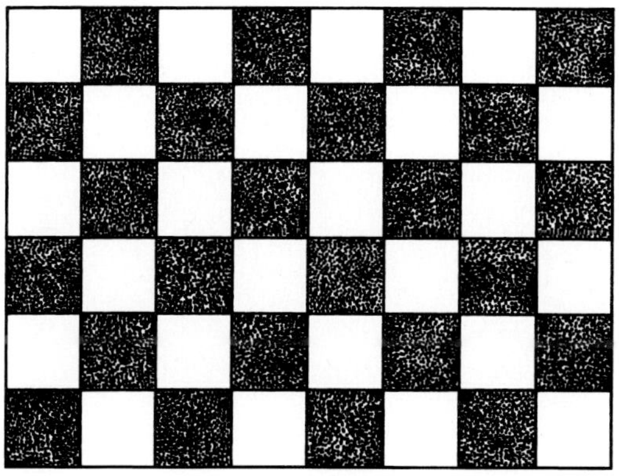

(Abb. 2)

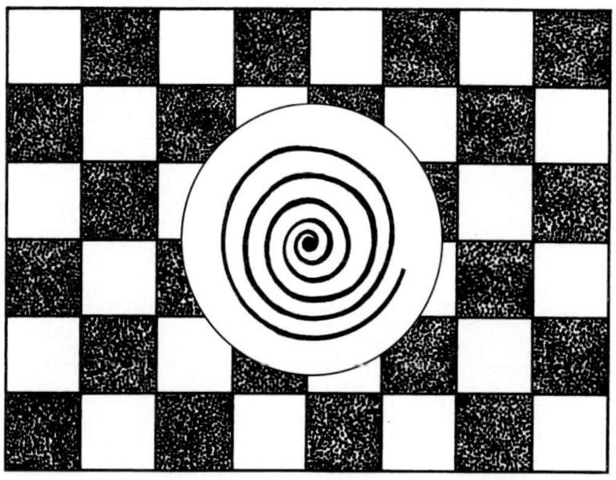

(Abb. 3)

® Plaka ist eine eingetragene Marke der Pelikan AG.

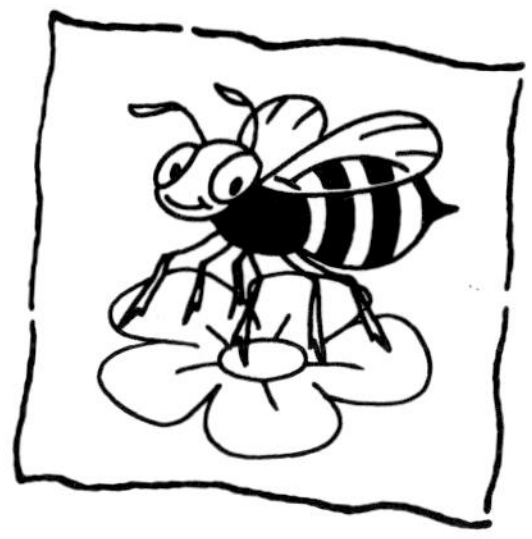

Graue Tiere, bunte Tiere (1/2)

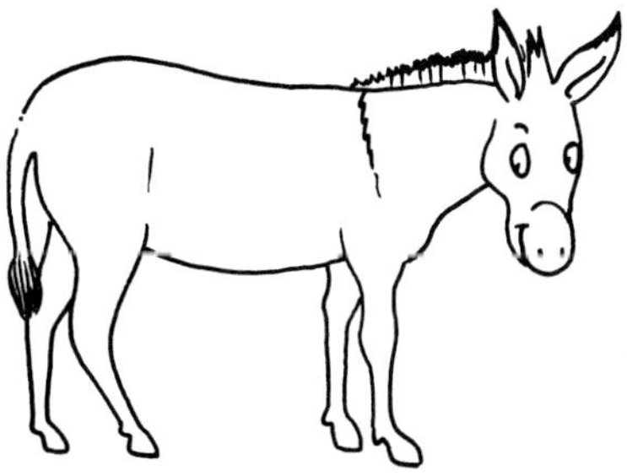

Es gibt eine Menge grauer Tiere:
Esel, Maus, Taube und Katze …

Grau ist eine unscheinbare Farbe. Probiere in einem Experiment aus, wie das Grau der Tiere vor einem farbigen Hintergrund wirkt.

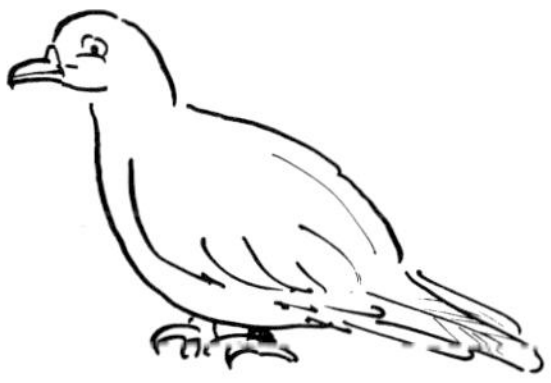

Das brauchst du:

- 2 graue Pappen DIN A4
- 2 weiße DIN-A4-Blätter
- Bleistift
- graue, schwarze und weiße Papierschnipsel
- Steinchen
- Kleber
- Schere
- Farbkasten
- Pinsel
- Gefäß mit Wasser

So geht es:

1. Zeichne die Umrisse zweier typischer grauer Tiere mit Bleistift auf die grauen Pappen und schneide sie aus.
2. Beklebe sie mit Steinchen und grauen, schwarzen und weißen Papierschnipseln.
3. Male das eine DIN-A4-Blatt rot an und das andere gelb.
4. Klebe ein Tier auf das rote Blatt und das andere auf das gelbe.
5. Was fällt mehr auf, der farbige Hintergrund oder das graue Tier?

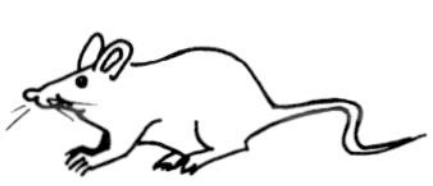

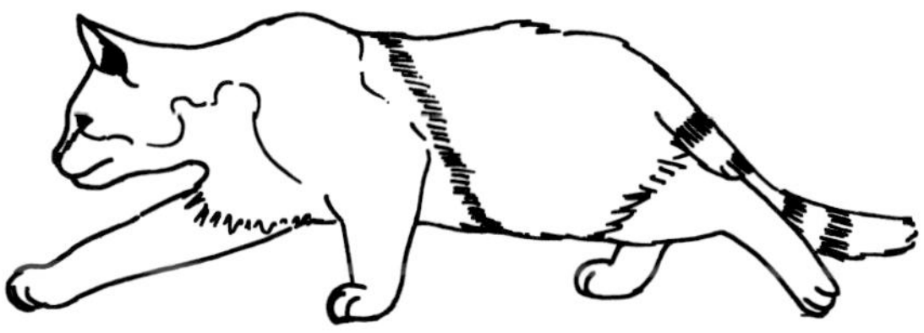

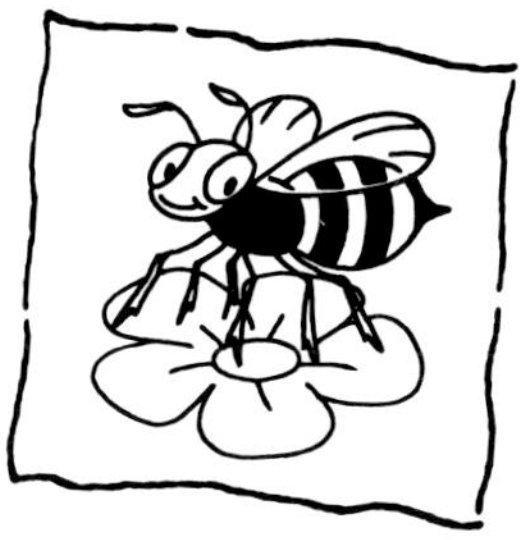

Graue Tiere, bunte Tiere (2/2)

Es gibt viele bunte Tiere
in leuchtenden Farben:
zum Beispiel Schmetterling,
Pfau, Marienkäfer, Papagei …

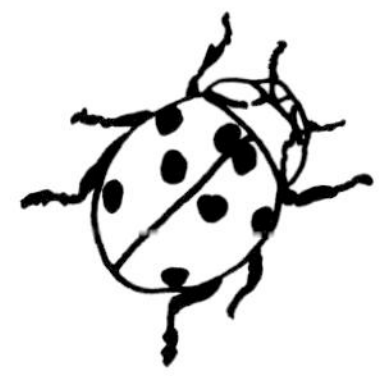

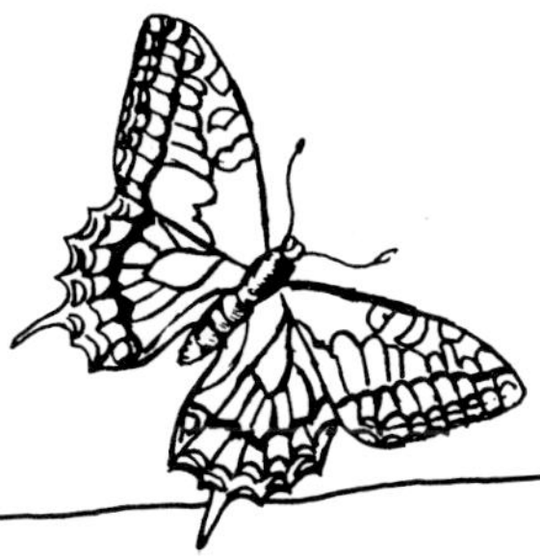

Probiere in einem Experiment aus, wie die farbigen Tiere vor einem grauen Hintergrund wirken.

Das brauchst du:

- 2 weiße Pappen DIN A4
- 2 weiße DIN-A4-Blätter
- Bleistift
- Buntstifte
- bunte Papierschnipsel
- Kleber
- Schere
- Farbkasten
- Pinsel
- Gefäß mit Wasser

So geht es:

1. Zeichne den Umriss zweier typischer bunter Tiere mit Bleistift auf die weißen Pappen.
2. Male die Tiere mit Buntstiften an. Schmücke sie mit Papierschnipseln in der passenden Farbe und schneide sie aus.
3. Male beide DIN-A4-Blätter grau an.
4. Klebe jeweils ein Tier auf eines der grauen Blätter.
5. Was fällt mehr auf, der graue Hintergrund oder das farbige Tier?

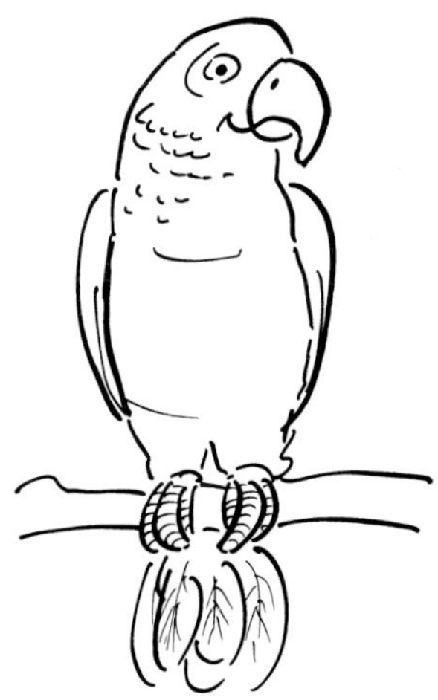

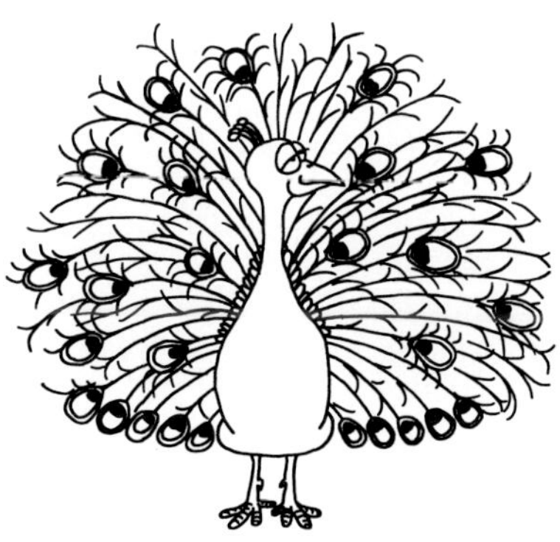

Locken mit Farbe

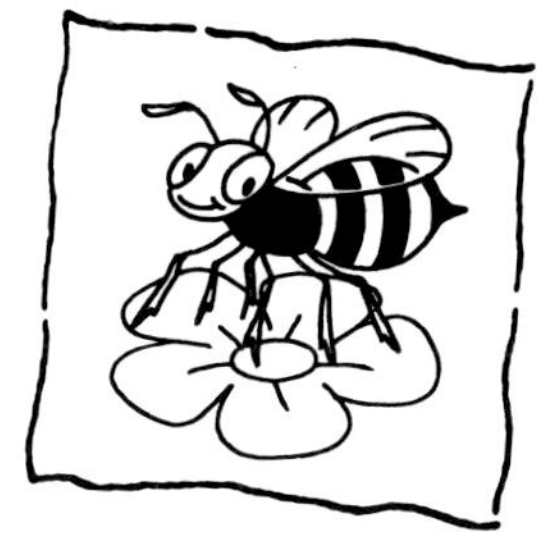

Info *Bei einigen Tieren sind Männchen und Weibchen unterschiedlich gefärbt. Das ist bei vielen Vogelarten so. Besonders bei der Stockente kann man den Unterschied erkennen. Das Gefieder der Erpel (männliche Enten) schillert in vielen Farben. Die weibliche Ente dagegen muss sich mit einem Grau-Braun begnügen. Auch bei den Hühnern ist das so. Das Federkleid des Hahns ist viel bunter als das der Henne. Ihr prächtiges Federkleid hilft den Männchen bei der Balz, um die Weibchen zu werben.*

Das brauchst du:

- Farbkasten, Pinsel, Gefäß mit Wasser
  oder:
- Filzstifte
  oder:
- andere bunte Stifte

- **Male den linken Vogel als Weibchen in unscheinbaren Grau- oder Braun-Tönen aus.**
- **Male den rechten Vogel als Männchen mit prächtig schillerndem Gefieder aus. Wähle möglichst viele verschiedene leuchtende Farben. Das Weibchen sollte beeindruckt sein!**

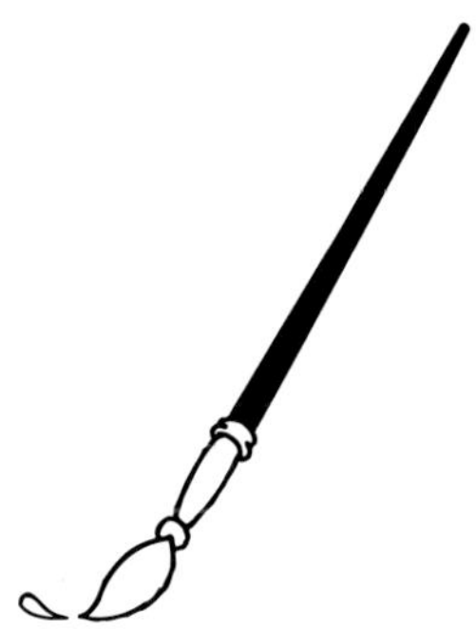

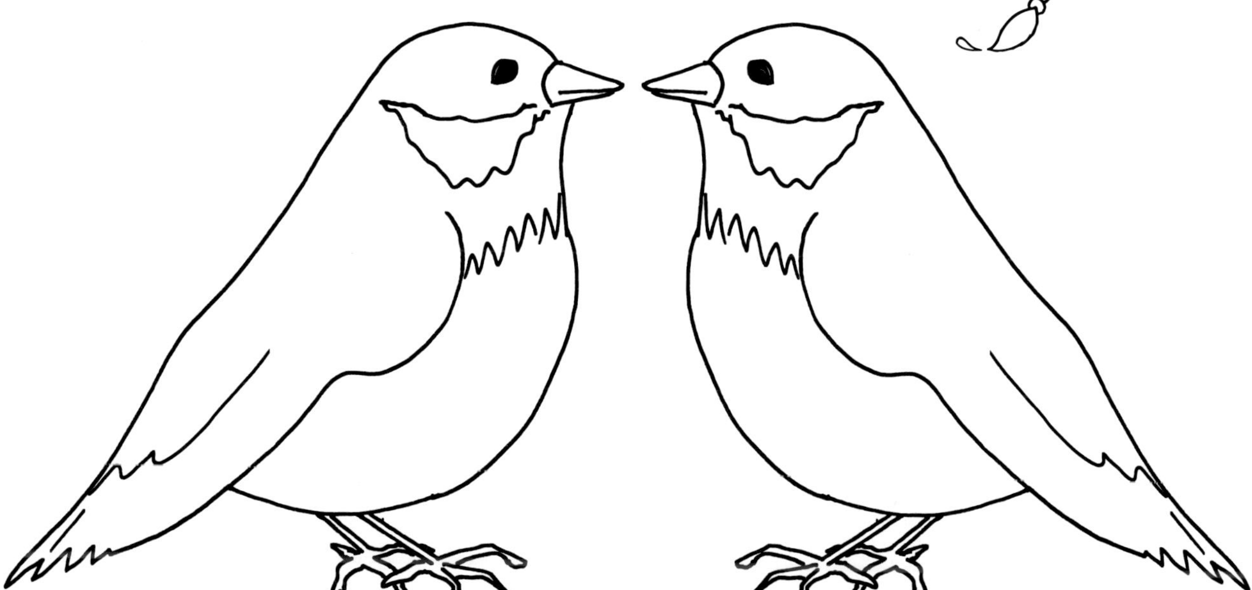

Weibchen

Männchen

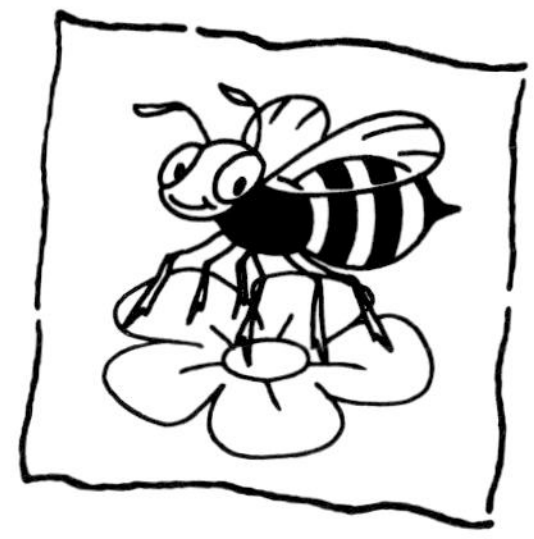

Achtung, giftig! (1/2)

Info *Einige Tiere und Pflanzen sind grell gefärbt, um damit ihre Feinde zu vertreiben. Durch ihre auffällige Färbung signalisieren sie jedem, der ihnen zu nahe kommt: „Rühr mich nicht an!“ Von diesen Tieren und Pflanzen solltest du dich fernhalten, denn oft sind sie giftig. Ihre Signalfarben sind oft Rot, Rot-Weiß, Schwarz-Gelb und Orange.*

Welche Signalfarbe haben diese Fliegenpilze und die Wespe? Schreibe auf. Male die Bilder in der richtigen Farbe an.

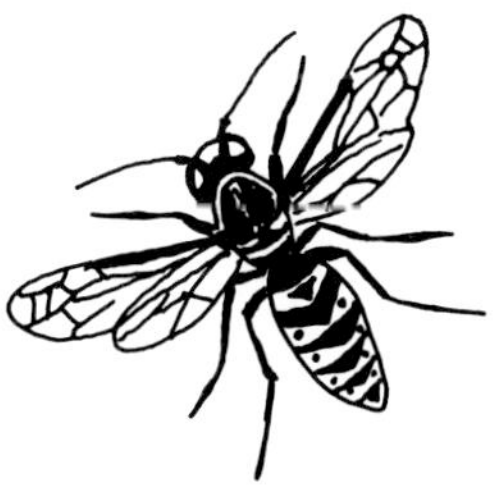

Wespe: ______________________________

Fliegenpilz: __________________________

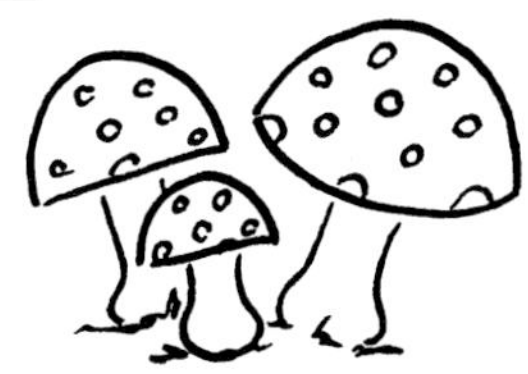

Fühlst du dich auch manchmal so wie ein giftiges Tier? Möchtest du dann am liebsten jeden angiften? Dann warne deine Eltern und Freunde mit dem Giftstandsanzeiger vor.

Bastle einen eigenen Giftstandsanzeiger. Die Tiere darauf zeigen allen, in welcher Stimmung du gerade bist: Sollte man dich besser in Ruhe lassen oder bist du guter Laune?

Das brauchst du:

- Schere
- Kleber
- feste Pappe
- Musterbeutel-klammer
- Filzstifte oder andere bunte Stifte

So geht es:

1. Schneide die beiden Vorlagen auf Seite 57 aus. Klebe sie auf feste Pappe.
2. Male die vier Felder in den Farben an, die zu der jeweiligen Stimmung passen.
3. Befestige die Deckscheibe mit der Musterbeutelklammer auf der unteren Scheibe.
4. Hänge den Giftstandsanzeiger zum Beispiel an deine Zimmertür.

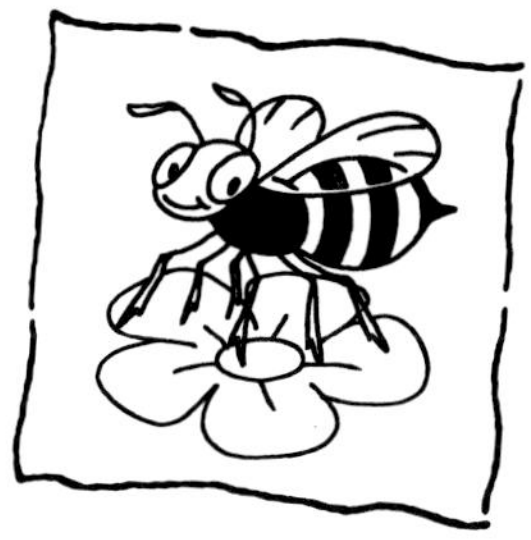

Achtung, giftig! (2/2)

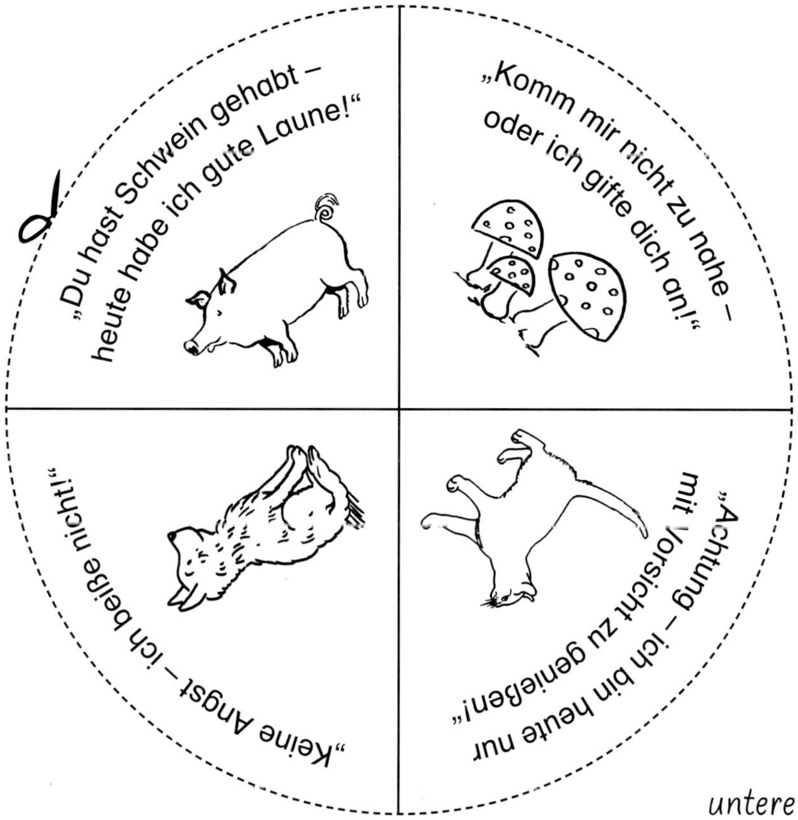

untere Scheibe

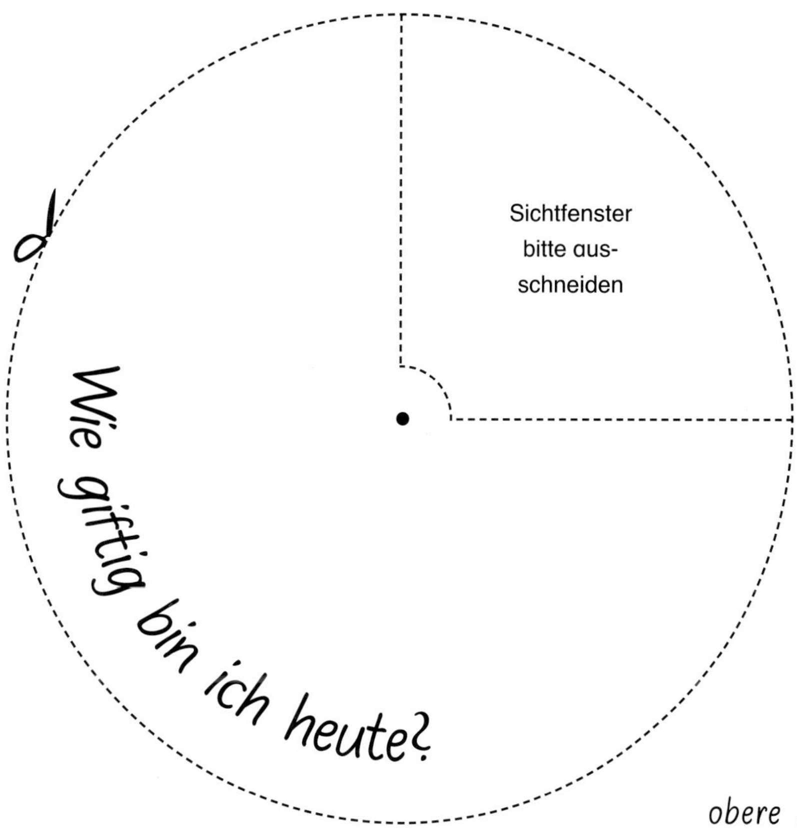

obere Scheibe

Achtung, gefährlich!

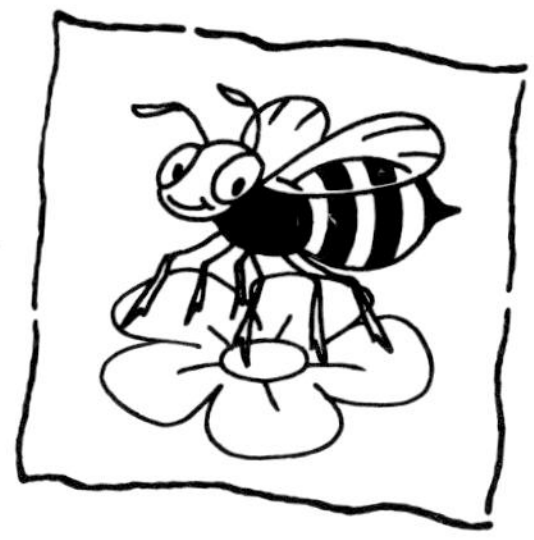

Info *Um sich vor Feinden zu schützen, wenden manche Tiere besondere Tricks an. Sie haben die gleiche Färbung wie ein gefährliches Tier. Ihre Feinde verwechseln sie leicht und halten sich deshalb von ihnen fern.*

Das brauchst du:

- Filzstifte oder andere bunte Stifte

- **Lies die Geschichte des Tieres, das einem Tier, das du gut kennst, zum Verwechseln ähnelt.**
- **Finde heraus, welches Tier gesucht ist. Schreibe dazu die eingerahmten Buchstaben nacheinander in die unteren Kästchen.**
- **Mit welchem Tier wird das gesuchte Tier von seinen Feinden oft verwechselt? Ergänze im Text die fehlenden Buchstaben.**
- **Male das gesuchte Tier in den beschriebenen Farben an.**

Ich bin ein Insekt und kann fliegen. Ich habe einen schlanken, gelb-[schw]arz gestreiften Körper. Ich st[e]che nicht und bin nicht giftig. Ich schwe[b]e in der Luft oft auf einer Stelle. Daher kommt auch mein Name. Ich stehe au[f] der Speisekarte vie[l]er Vögel und anderer T[ie]re. Damit ich nicht gefressen werde, habe ich mir einen Trick aus[g]edacht: Ich sehe aus wie eine _ E _ _ E. So glaub[e]n meine Feinde oft, ich würde stechen, und lassen mich in Ruhe.

Wer bin ich?

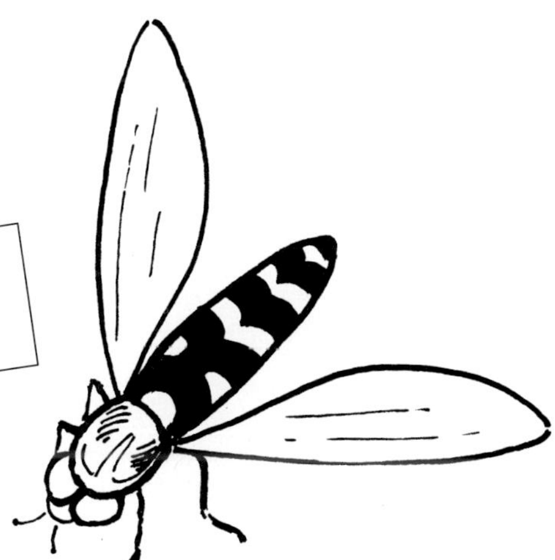

Ich bin eine ☐☐☐☐☐☐☐☐☐☐☐☐

Gut getarnt?

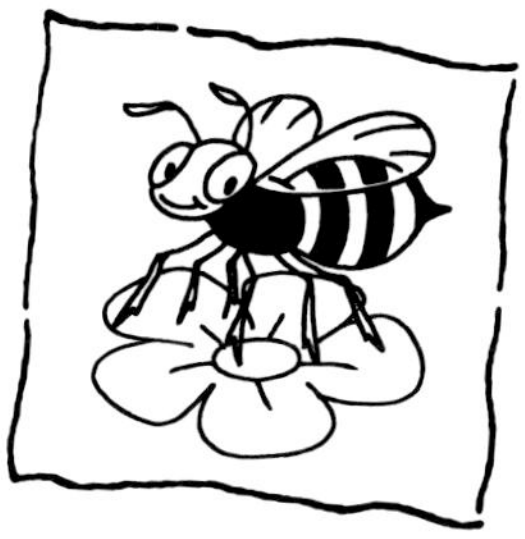

Info *Tiere gibt es in ganz unterschiedlichen Farben. Einige sind leuchtend bunt gefärbt (zum Beispiel Marienkäfer oder Pfau). Viele sind aber auch grau oder braun (zum Beispiel Kaninchen oder Maus). Vielleicht denkst du jetzt: Wie langweilig! Doch für die Tiere kann das lebenswichtig sein. Denn die Umgebung, in der sie leben, hat oft eine ähnliche Farbe. So können ihre Feinde sie nicht so schnell sehen. Ihre Färbung nennt man deshalb Tarnfarbe.*

Das brauchst du:

- Farbkasten
- Pinsel
- Gefäß mit Wasser

So geht es:

1. Male den Wald in verschiedenen Grün-, Braun- und Grau-Tönen an.
2. Male in das Bild eine versteckte Maus. Achte darauf, dass sie so ähnliche Farben wie der Wald hat.
3. Bitte einen Mitschüler, die Maus zu suchen. Finde so heraus, ob die Maus eine gute Tarnfarbe hat.

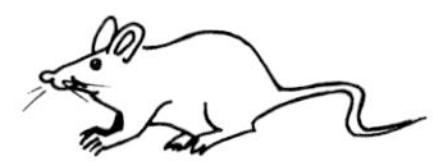

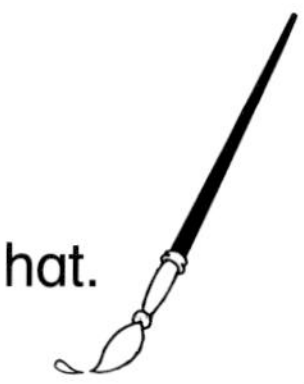

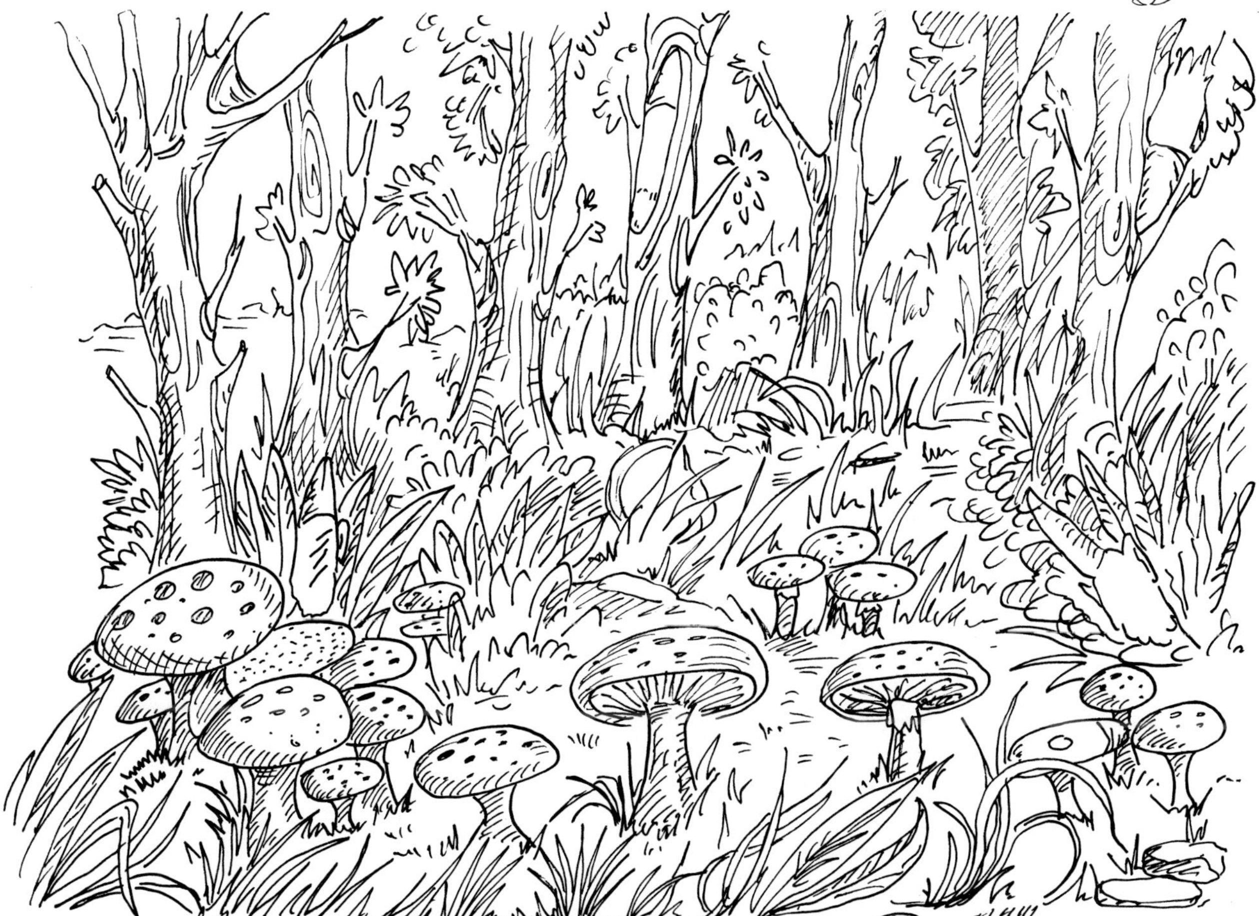

Vincent van Gogh

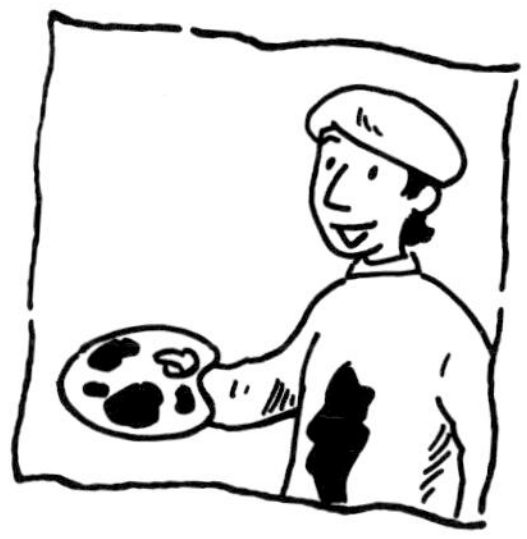

Info *Der holländische Maler Vincent van Gogh (sprich: „Winzent fan Goch“) lebte vor über 100 Jahren. Er malte seine Bilder mit anderen Farben als in der Wirklichkeit. Es war ihm wichtig, seine Stimmung auszudrücken. Er verwendete oft die Farbe Gelb in seinen Bildern, da sie ihm viel bedeutete. Auch mit Blau malte er häufig. Er empfand Blau als die Gegenfarbe von Gelb und dachte dabei an Nacht und Tag.*

Van Goghs Bilder wirken sehr lebendig. Das liegt an seiner Malweise und den Farben, die er verwendet hat. Er trug die Farben meist sehr wellig oder wie Strudel auf. Dadurch bekommst du den Eindruck, als würde sich das Bild dauernd bewegen. Auf Seite 67 siehst du so ein Bild. Vincent van Gogh malte verschiedene Sonnenblumenbilder, die heute sehr berühmt sind.

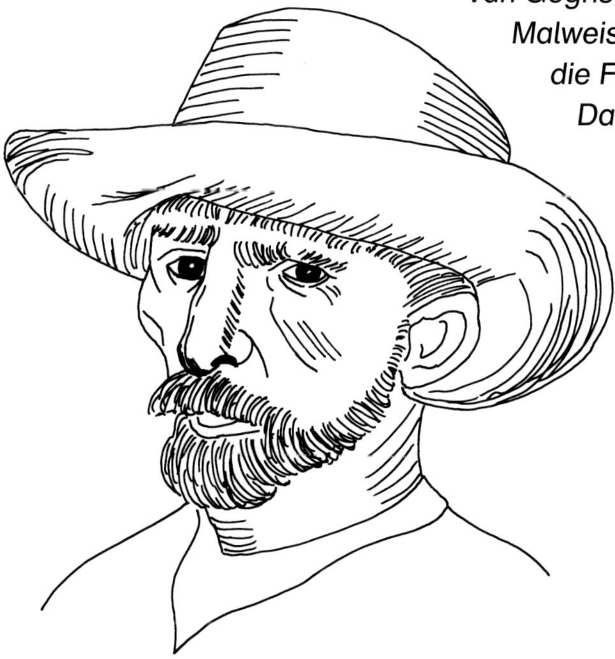

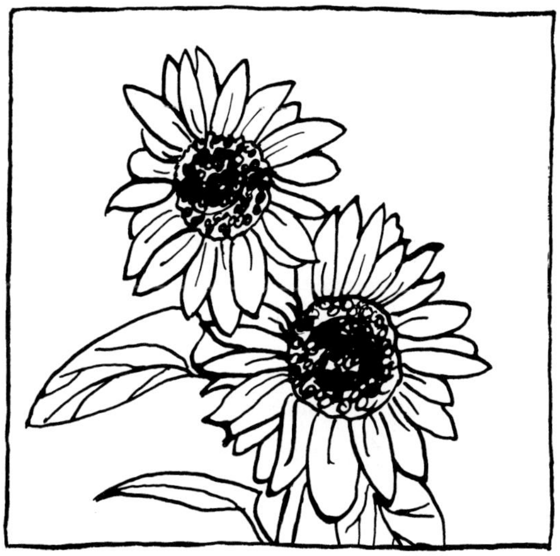

Beantworte die Fragen:

1. Aus welchem Land stammt Vincent van Gogh?

____.

2. Welche Farbe mochte van Gogh am liebsten?

____.

3. Auf welche Weise trug er seine Farben auf?

____.

Strudel malen wie van Gogh

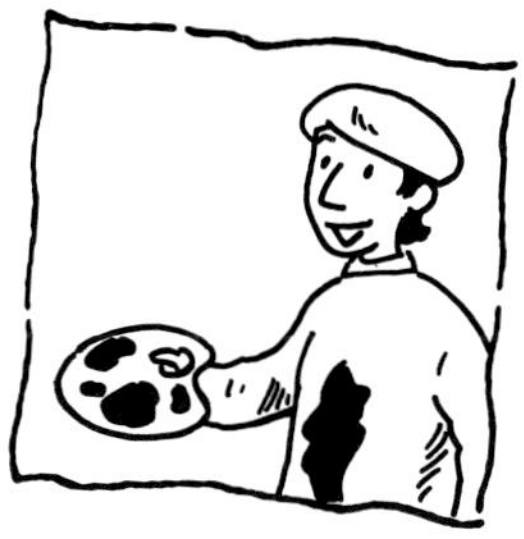

- **Bearbeite Seite 60.**
- **Schau dir das Strudelbild von Vincent van Gogh an (Seite 67).**
- **Male selbst mit van Goghs Maltechnik lebendige und dramatische Bilder.**

Das brauchst du:

- Plaka®- oder Fingerfarbe
- Pinsel
- Kleister
- feste Pappe
- Salz oder Sand

So geht es:

1. Zeichne mit Bleistift ein Motiv deiner Wahl auf der Pappe vor.

Mögliche Motive:

- loderndes Feuer
- Sonne, die vor Hitze flimmert
- Wirbelsturm

2. Verteile mit dem Pinsel etwas Kleister auf der Pappe.
3. Welche Laune hast du momentan? Mit welcher Farbe möchtest du gerade gerne malen? Wähle die Farben nach deiner Stimmung und deinem Gefühl aus.
4. Trage die Farben mit wellen- und strudelartigen Bewegungen auf das Motiv auf. Durch den Kleister verändert sich die Konsistenz (Festigkeit) der Farbe.

   Tipp: *Zusätzlich kannst du auch passend zu deinem Motiv Sand, Salz oder Ähnliches in den Kleister mischen.*

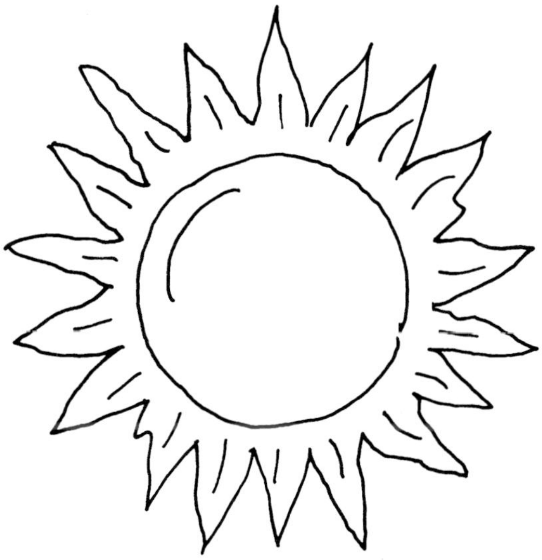

® Plaka ist eine eingetragene Marke der Pelikan AG.

Yves Klein

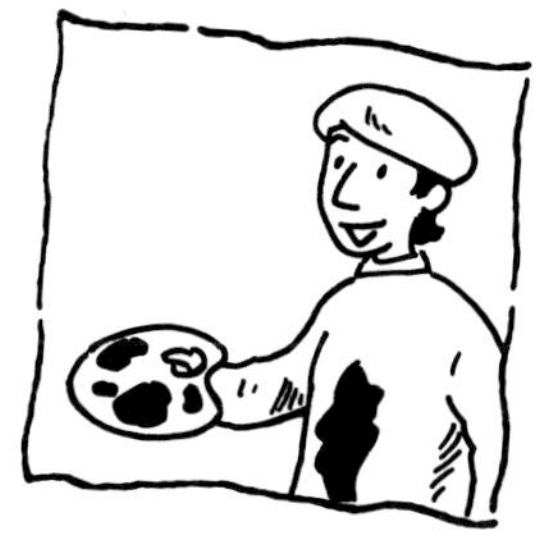

Info *Der französische Maler Yves Klein (sprich: „Iw Klein") lebte 1928–1962. Er mochte ein ganz spezielles Blau: das Ultramarinblau. Er liebte es so sehr, dass er Bilder irgendwann nur noch in Ultramarinblau malte. Er entwickelte dafür ein eigenes und ganz spezielles leuchtendes Ultramarinblau, das er „Internationales Klein Blau" („IKB") nannte.*

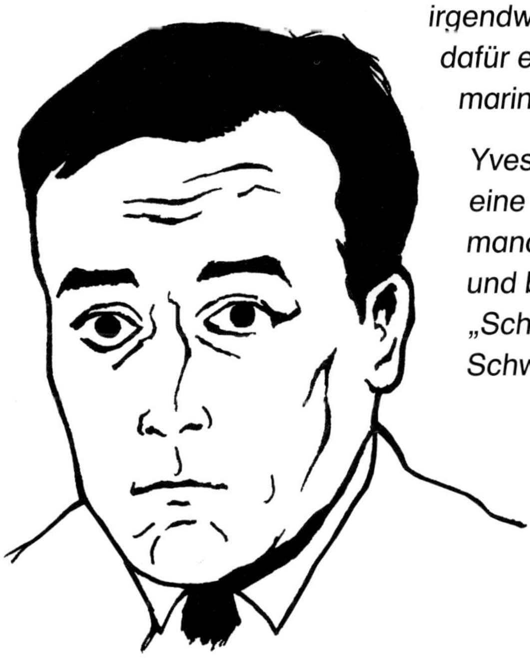

Yves Klein malte aber nicht nur ultramarinblaue Farbe auf eine Leinwand, sondern veränderte seine Technik auch manchmal. Er klebte zum Beispiel Schwämme auf Holz und bemalte sie dann. Diese Bilder wurden berühmt als „Schwammreliefe". Auf Seite 67 kannst du dir so ein Schwammrelief anschauen.

Hinweis: *Weil Yves Klein nur mit einer Farbe malte, wurde er auch „Yves – der Einfarbige" genannt.*

Was ist deine Lieblingsfarbe?

____.

Warum ist das deine Lieblingsfarbe?

____

____

____.

Beantworte die Fragen.

1. Mit welchem Blau-Ton hat Yves Klein gemalt?

____.

2. Wie heißen die Bilder, die der Künstler mit Schwämmen gestaltet hat?

____.

3. Wie heißt Yves Klein mit Spitznamen?

____.

Materiallandschaft

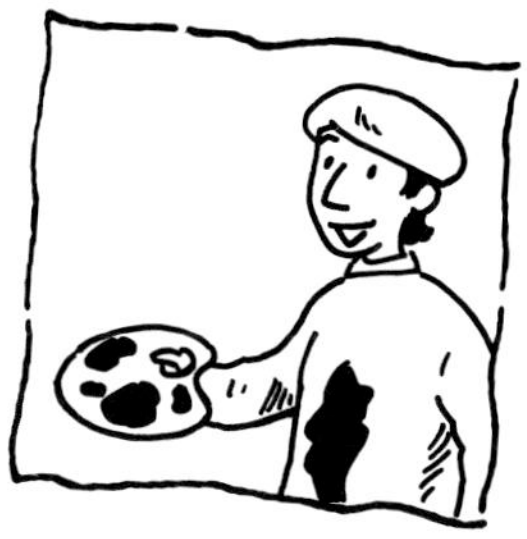

- **Bearbeite Seite 62.**
- **Stelle, ähnlich wie Yves Klein, eine Materiallandschaft her.**

Das brauchst du:

- feste Pappe
- verschiedene Materialien (zum Beispiel Schwämme, Steinchen, Kronkorken, zerknülltes Papier, Sand, Verpackungsreste)
- Kleber
- Plaka®- und Fingerfarbe (Weiß und deine Lieblingsfarbe)
- Pinsel

So geht es:

1. Wähle ein Thema und überlege dir die dazugehörigen Materialien.
2. Klebe die Materialien auf die Pappe (Abb. 1).
3. Male das Ganze mit weißer Farbe an. Lass die Farbe gut trocknen. Male dein Bild anschließend mit deiner Lieblingsfarbe an (Abb. 2).
4. Gib deinem Bild einen Namen. Schreibe ihn unter das Bild (Abb. 3).

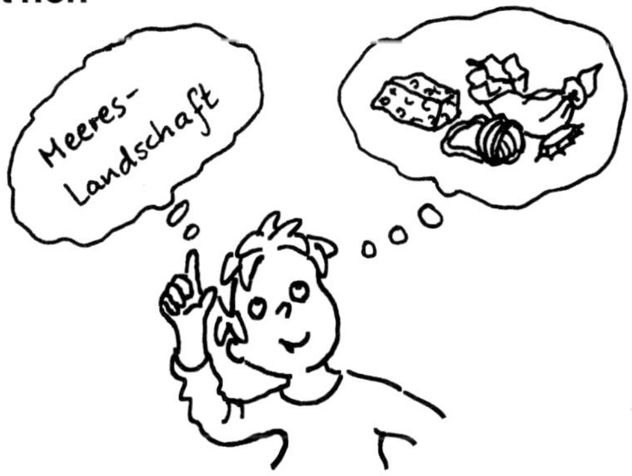

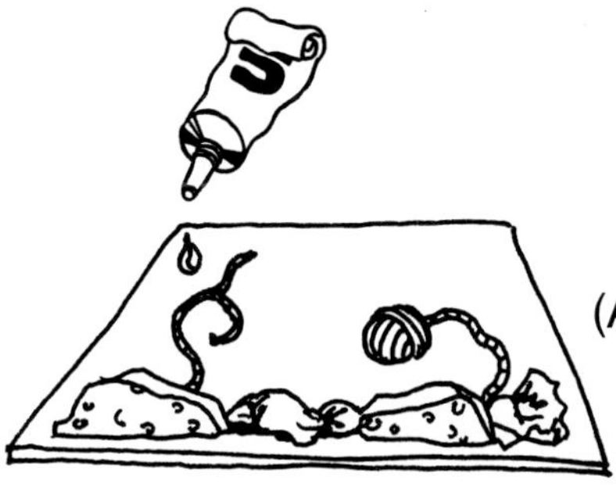

(Abb. 1)

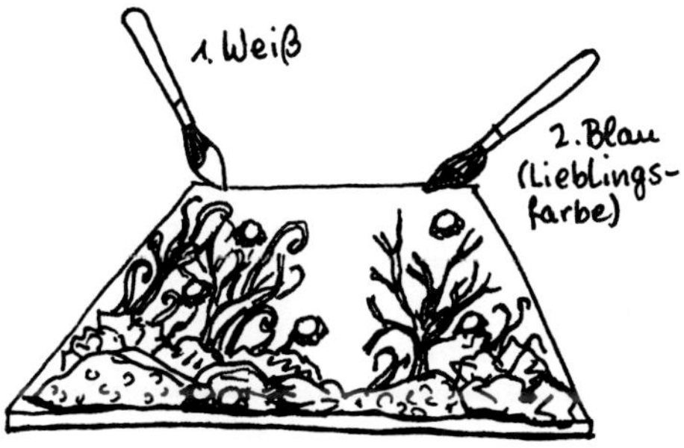

(Abb. 2)

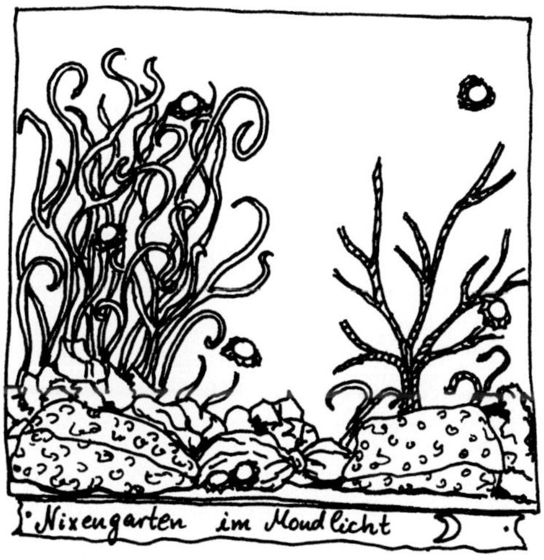

(Abb. 3)

® *Plaka ist eine eingetragene Marke der Pelikan AG.*

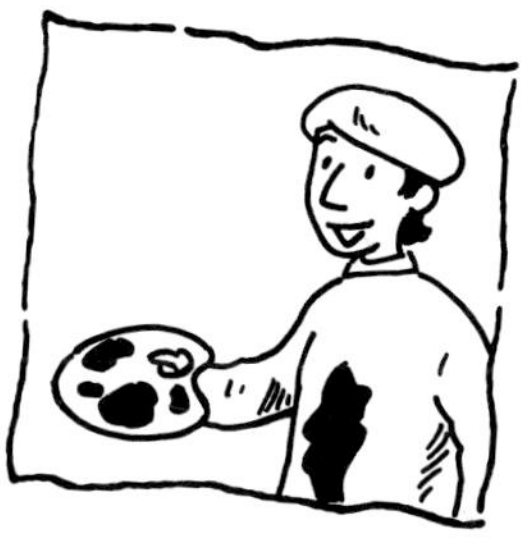

Farben bewusst einsetzen

Info *Vor etwa 100 Jahren begannen in Deutschland viele Maler, ihre Gefühle und Gedanken in Farben auszudrücken. Sie hießen Expressionisten. Berühmte Expressionisten waren zum Beispiel Paul Klee, August Macke, Franz Marc und Wassily Kandinsky. Sie gebrauchten meistens reine, klare Farben und Schwarz und Weiß. Sie wählten die Farben je nach ihrer Stimmung aus. So achteten sie nicht so darauf, ob das was sie malten, in Wirklichkeit auch so aussah. Durch schwarze, kräftige, kantige Linien oder farbige Flächen konnten sie ihre Stimmung ausdrücken.*

Male ein Bild, so wie die Expressionisten.

Das brauchst du:

- Zeichenblock
- Bleistift
- Schere
- Kleber
- Farbkasten
- Pinsel
- Gefäß mit Wasser

So geht es:

1. Wähle aus den drei Tieren eins aus und schneide es aus. Klebe es in die Mitte des Zeichenblockes.
2. Male einen Hintergrund mit Bleistift vor.
3. Wähle die Farben für dein Bild nach deiner momentanen Stimmung aus. Sie müssen nicht der Wirklichkeit entsprechen. Grenze die Farbflächen mit kräftigen schwarzen Linien voneinander ab. Du kannst auch Hell und Dunkel direkt nebeneinander setzen.

   Beispiel: Ein roter Hund, der vor einem blauen Haus sitzt.

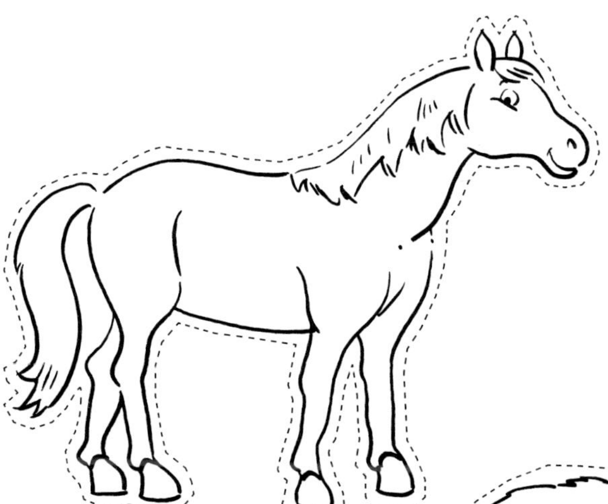

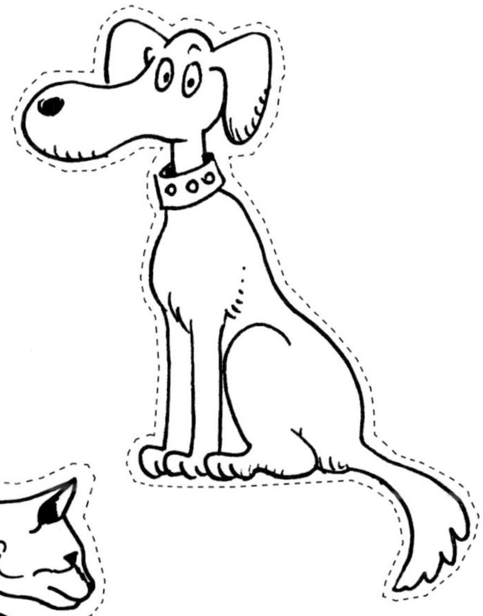

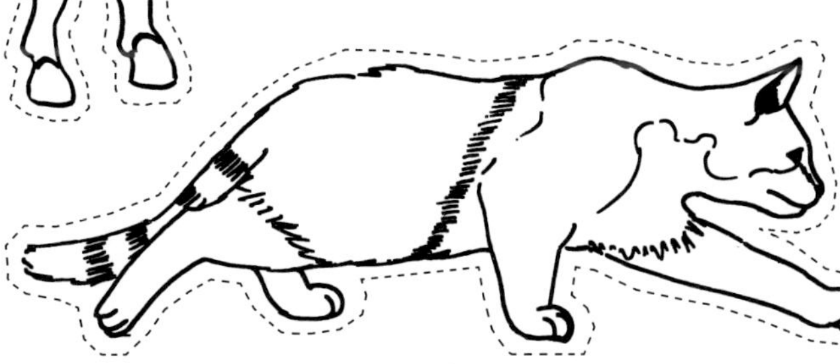

Farbkreis

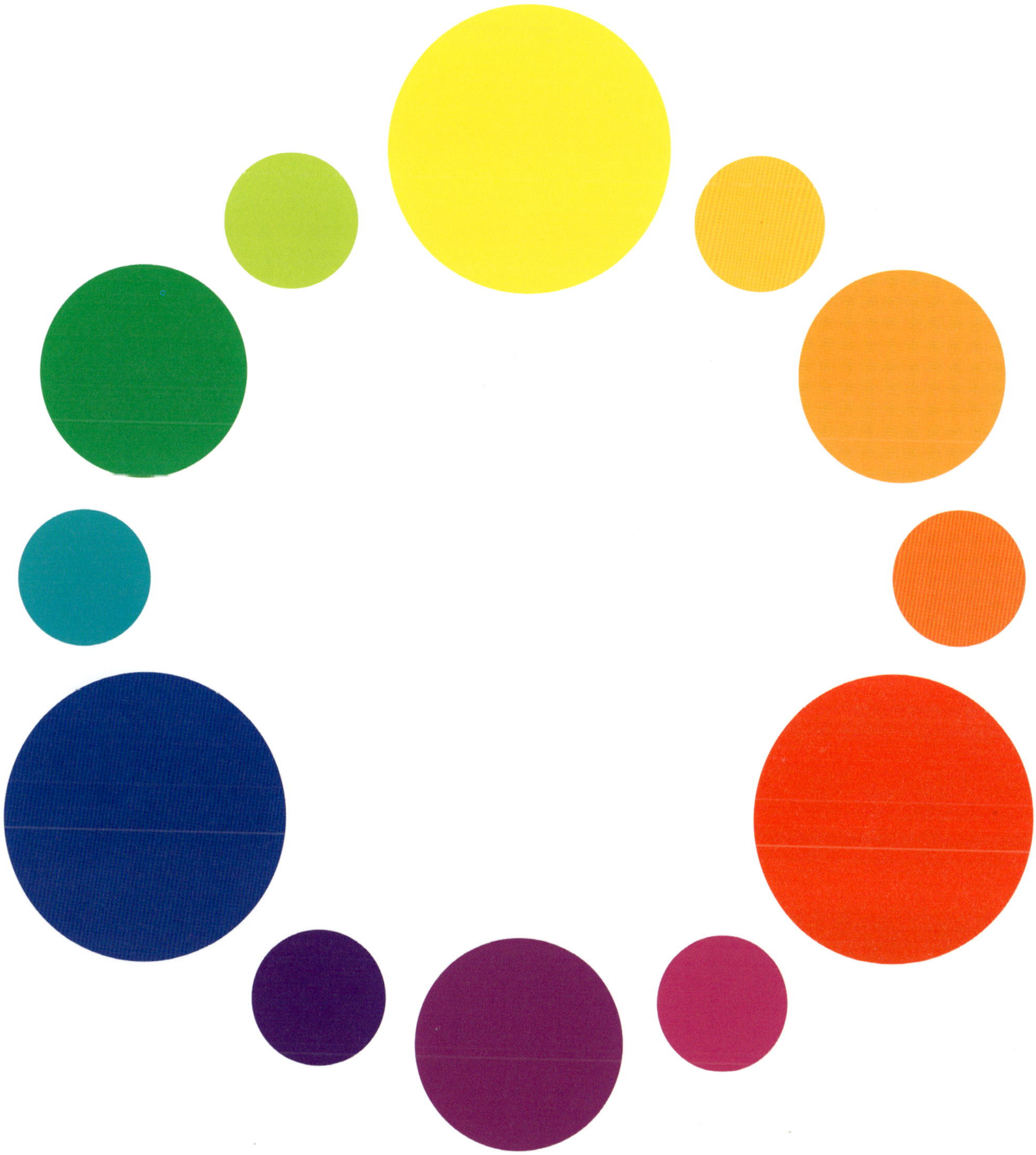

Zwölfteiliger Farbkreis

Georges Seurat

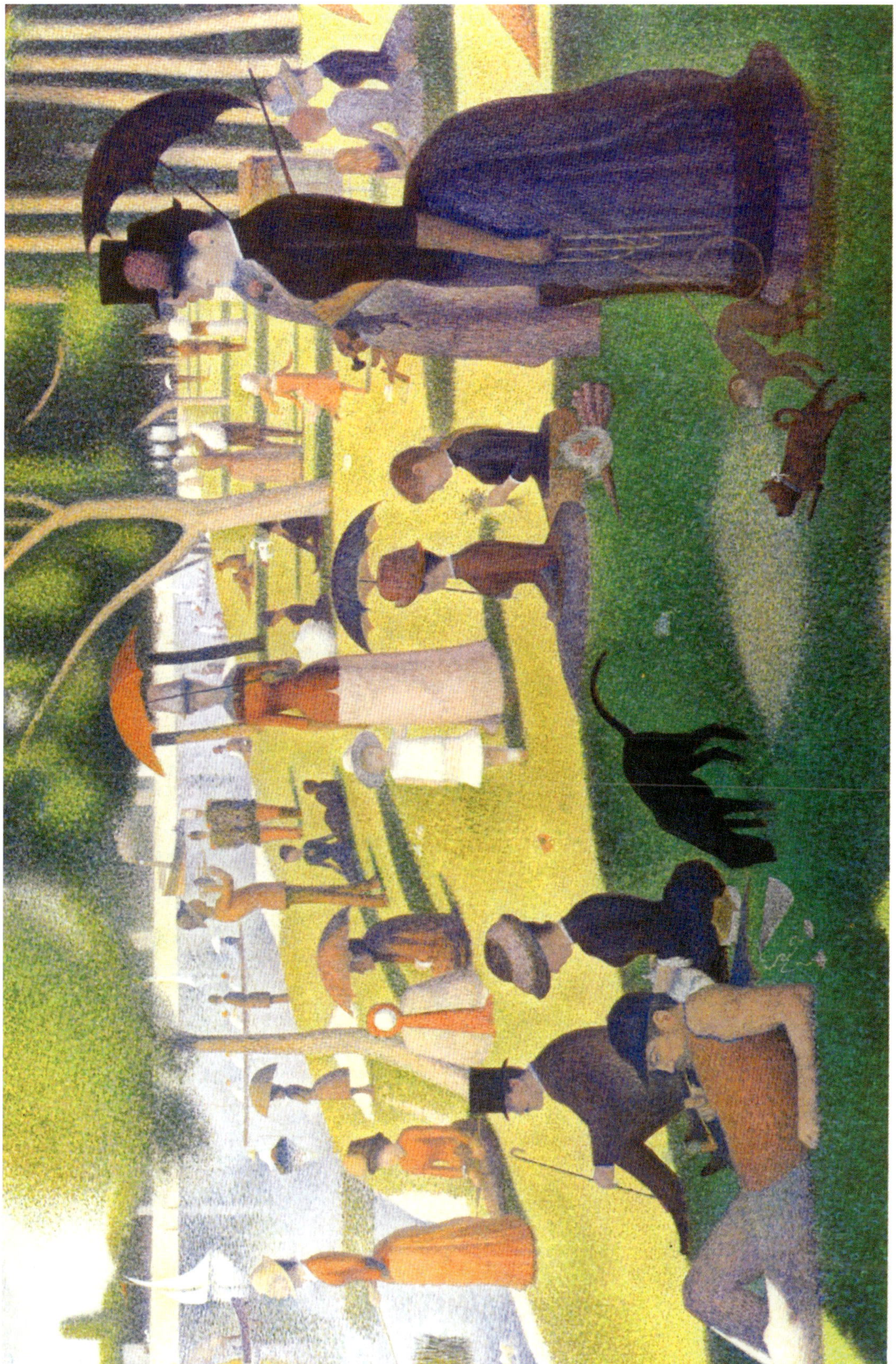

Georges Seurat: „Ein Sonntagnachmittag auf der Insel La Grande Jatte“ (1884–86)

Vincent van Gogh und Yves Klein

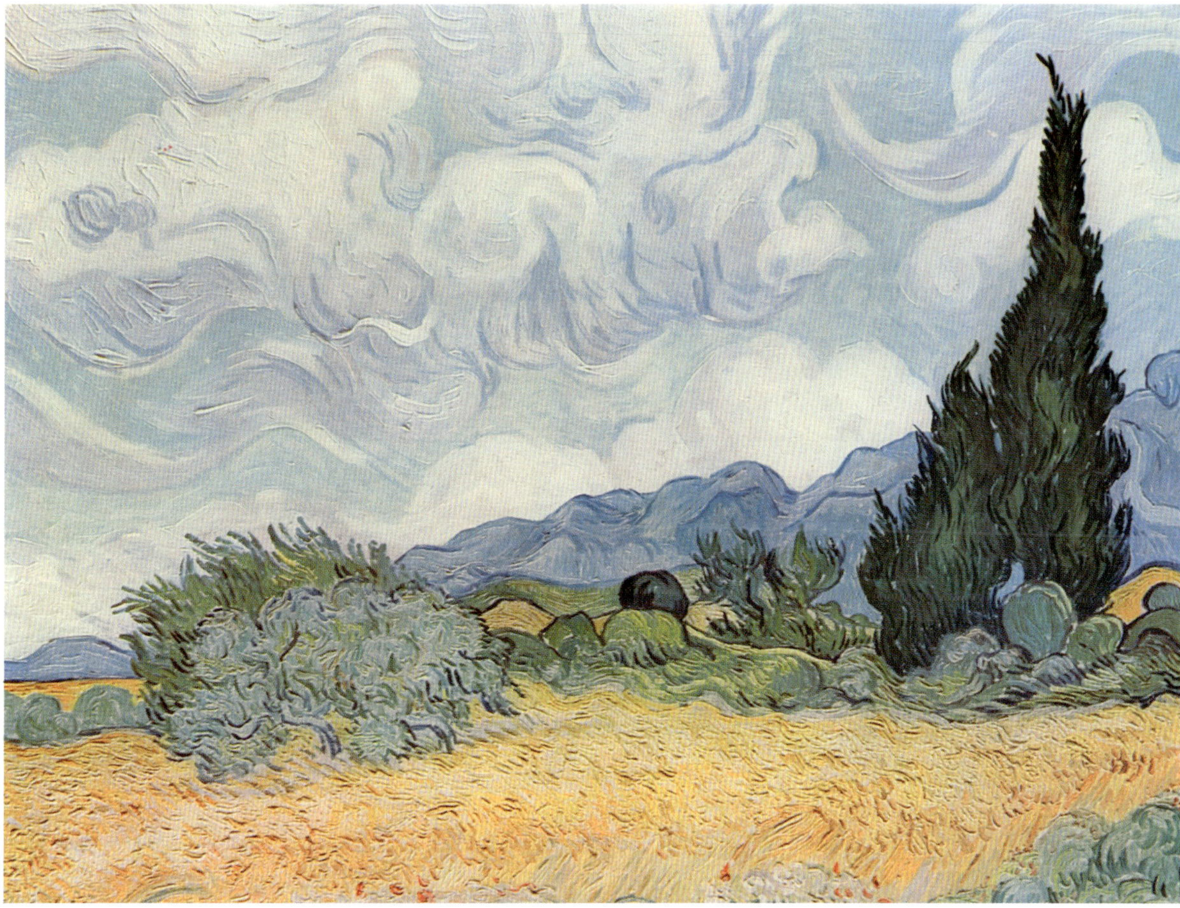

Vincent van Gogh: „Getreidefeld mit Zypressen“ (1889)

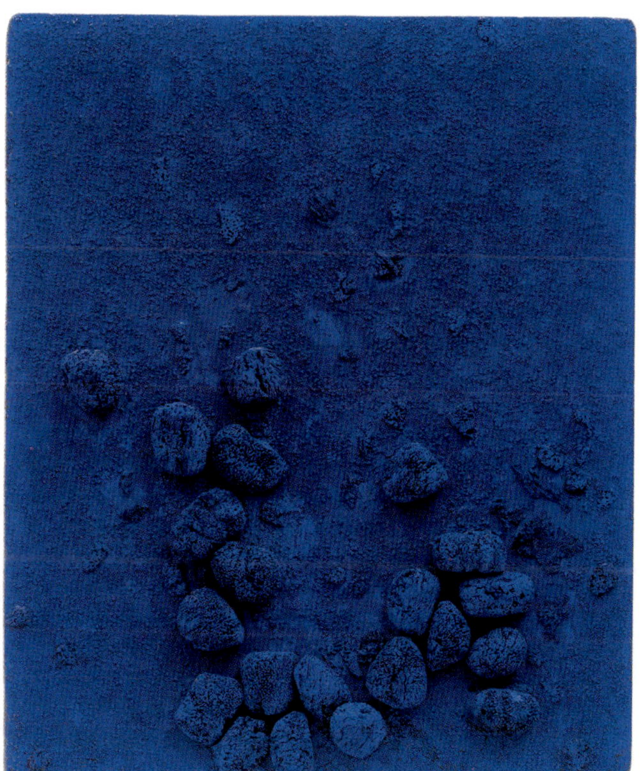

Yves Klein: „Blue sponge relief (RE 19)“ (1958)

Mit freundlicher Genehmigung
des Yves-Klein-Archivs Paris.

Literatur- und Internettipps

Über Farbe und Malerei

- *Hohberger, Mathilda F./Ehlers-Juhle, Jule:*
  Klangfarben und Farbtöne.
  Farben mit allen Sinnen erleben.
  Ökotopia Verlag, 2005.
  ISBN 3-936286-70-1

- *Itten, Johannes:*
  Kunst der Farbe – Studienausgabe.
  Urania-Verlag, 2003.
  ISBN 3-332-01470-6

- *Jahns, Astrid:*
  Rot, Blau, Gelb: Wie kommen Farben in die Welt?
  Rowohlt Taschenbuch Verlag, 2004.
  ISBN 3-499-21289-7

- *Kraußе, Anna-Carola:*
  Geschichte der Malerei.
  Von der Renaissance bis heute.
  Könemann, 2005.
  ISBN 3-8331-1404-5

- *Küppers, Harald:*
  Schnellkurs Farbenlehre.
  DuMont, 2005.
  ISBN 3-8321-7640-3

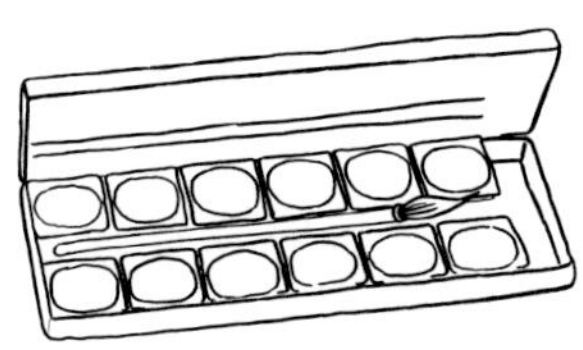

Künstler-Werkstätten

- *Brandenburg, Birgit:*
  Paul Klee für Kinder. Eine Werkstatt.
  Klasse 2–4. Verlag an der Ruhr, 2002.
  ISBN 3-86072-672-2

- *Brandenburg, Birgit:*
  Van Gogh für Kinder. Eine Werkstatt.
  Klasse 3–4. Verlag an der Ruhr, 2002.
  ISBN 3-86072-914-4

- *Schubert, Barbara:*
  Blaues Pferd und grüne Kuh.
  Eine Franz-Marc-Werkstatt.
  Klasse 1–3. Verlag an der Ruhr, 2000.
  ISBN 3-86072-484-3

Anschauungsbeispiele

- **„Der Zeichner am Fenster" (1909)**
  von Paul Klee, in:
  Grohmann, Will: **Paul Klee.**
  DuMont, 2003.
  ISBN 3-8321-7284-X

- **„Die Musik" (1939)**
  von Henri Matisse, in:
  Neret, Gilles: **Matisse.**
  Taschen-Verlag, 2006.
  ISBN 3-8228-5017-9

- **„Kalota MC" (1967)**
  von Victor Vasarely, in:
  Holzhey, Magdalena: **Vasarely.**
  Taschen-Verlag, 2005.
  ISBN 3-8228-3905-1

- **„Komposition VII" (1913)**
  von Wassily Kandinsky, in:
  Düchting, Hajo:
  Wassily Kandinsky 1866–1944.
  Taschen-Verlag, 1999.
  ISBN 3-8228-6360-2

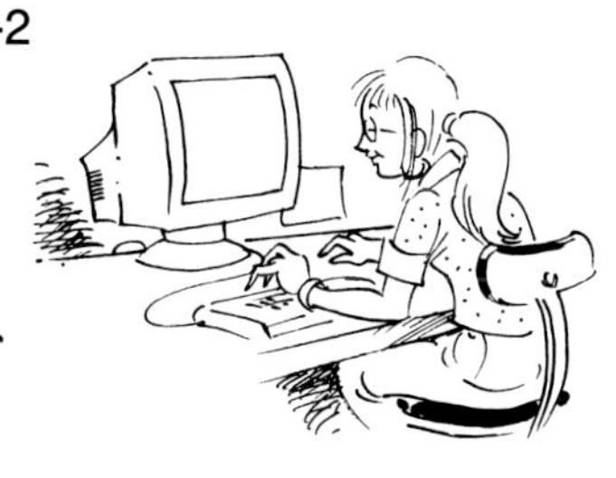

Internet-Tipps

www.poster.de
Große Auswahl an Kunstdrucken.

www.br-online.de/kinder/fragen-verstehen/wissen/2003/00189/
Infos über die Herkunft einiger Farben.

www.kindernetz.de/frack/geschichten/406.html
Eine Lügengeschichte zur Entstehung der Farben.

www.br-online.de/kinder/fragen-verstehen/wissen/2004/00542/
Infos zum Farbwechsel beim Chamäleon.

www.verlagruhr.de
Da sich Internetadressen schnell verändern können, finden Sie auf unserer Homepage unter dem Titel *„Alles über Farben – Eine Werkstatt"* eine stets aktualisierte Linkliste aller Internetadressen aus dieser Mappe.